本书为2015年度教育部人文社会科学研究青年基金项目"经济服务化背景下现代服务业生命周期演进规律与产业政策研究"(项目批准号：15YJC790038)的最终研究成果

经济服务化背景下现代服务业生命周期演进规律与产业政策研究

解柠羽◎著

Research on life cycle evolution rule and industrial policy of modern service industry under the background of economic serviceability

经济管理出版社
ECONOMY & MANAGEMENT PUBLISHING HOUSE

图书在版编目（CIP）数据

经济服务化背景下现代服务业生命周期演进规律与产业政策研究/解柠羽著. —北京：经济管理出版社，2019.10
ISBN 978-7-5096-6476-6

Ⅰ. ①经… Ⅱ. ①解… Ⅲ. ①服务业—产业发展—研究—中国 ②服务业—产业政策—研究—中国 Ⅳ. ①F726.9

中国版本图书馆 CIP 数据核字（2019）第 233336 号

组稿编辑：胡　茜
责任编辑：胡　茜
责任印制：黄章平
责任校对：陈晓霞

出版发行：经济管理出版社
　　　　　（北京市海淀区北蜂窝 8 号中雅大厦 A 座 11 层　100038）
网　　址：www.E-mp.com.cn
电　　话：（010）51915602
印　　刷：北京晨旭印刷厂
经　　销：新华书店
开　　本：720mm×1000mm /16
印　　张：11.75
字　　数：152 千字
版　　次：2019 年 10 月第 1 版　2019 年 10 月第 1 次印刷
书　　号：ISBN 978-7-5096-6476-6
定　　价：59.00 元

·版权所有　翻印必究·

凡购本社图书，如有印装错误，由本社读者服务部负责调换。
联系地址：北京阜外月坛北小街 2 号
电话：（010）68022974　邮编：100836

前　言

从1997年9月"现代服务业"写入党的十五大报告起,我国现代服务业发展迅速。党的十八大报告指出,"经济发展应更多依靠现代服务业的带动",强调"加快传统产业转型升级,推动服务业特别是现代服务业的发展壮大"。党的十九大报告指出,"我国经济已由高速增长阶段转向高质量发展阶段",强调"支持传统产业优化升级,加快发展现代服务业,瞄准国际标准提高水平",这标志着我国经济转型升级又迈出了重要一步,经济和产业发展正在进入一个新时期。全球经济已经笼罩在经济服务化的大背景下,全球制造链中存在的高度路径依赖和全球服务链中面临的巨大"瀑布效应"(由于外部压力而导致快速扩张或发展),使产业升级和经济转型缺乏内在动力。我国现代服务业明显滞后于世界服务业的发展,近年来,随着整体经济的加速下行,现代服务业的重要性凸显,正在本轮经济调整中呈现出日益重要的资本承接功能,从而也担负着一定的产业结构调整与经济社会发展模式创新的任务。在此背景下,本书遵循现代服务业发展的生命周期演进规律的实践路径,适时总结、提炼与具体发展阶段相适应的、具有创新性的、更接近于具体实践的现代服务业发展政策,无疑具有多方面的必要性和重大意义。

本书以"文献综述—背景分析—实证研究—政策建议"为研究主线,共分为六章内容。

第一章,绪论。本章对服务业与现代服务业进行了界定,介绍了服务业的概念、分类与功能以及现代服务业的内涵和特点,指出现代服务业是与传统服务业相对立而产生的,主要以信息革命中不断涌现的信息密集型服务业为主体,具有现代性、高科技性、先进性和高集聚性的特点,进一步分析了现代服务业的发展基础和发展模式;之后对与现代服务业相关的马克思服务理论、中西方经济学家的服务观、产业布局理论等现代服务业发展的相关理论进行了综述,提出了本书的具体研究视角。

第二章,经济服务化背景下现代服务业发展分析。本章主要围绕经济服务化背景进行了现代服务业发展的基础性分析,深入研究了经济服务化发展的原因与背景以及中国的经济服务化新常态,指出我国已从一个农业大国发展为工业强国,在实现快速经济结构调整的同时,面临着"大而不强"的工业发展怪圈,并且处于全球价值链分工的低端;从外部影响因素、内部影响因素以及驱动性因素三方面分析研究了现代服务业的影响因素;重点介绍了国际现代服务业发展的特点,并着重分析了日本和美国两个国家的现代服务业发展情况,从政府和市场两个角度给出了对我国现代服务业发展的启示。

第三章,现代服务业生命周期成长阶段及对经济增长的作用分析。本章首先对现代服务业的发展阶段与趋势进行了分析,提出在不同的社会政治经济环境下,现代服务业发展各阶段的特点表现形式不一致,不同的变化特征往往与客观发展环境的变化有关,这些变化可以看作现代服务业主体发展过程的转变,同时也存在现代服务业发展阶段相互交替的过渡形式。其次研究了现代服务业的生命周期,在罗斯托和贝尔的生命周期理论之后给出了现代服务业生命周期演化发展的一般性界定,结合我国现代服务业发展的实际情况,将现代服务业的发展划分为四个阶段:一是初始发展阶段,该阶段是现代服务业发展的源头阶段;二是成长阶段,该阶段是现代服务业发展的加速强化阶段;三是成熟阶段,该阶段是现代服务业发展的稳步升温阶段；四是衰退阶段，该阶段是现代服务业发展的竞争弱化阶段。最后对现代服务业在经济增长中的作用以及其发展规律进行了分析和概括，指出现代服务业的发展具有空间集中和集聚、生产性服务的比例持续上升、组织形态不断外化、产业不断融合、因素依赖、垄断竞争的发展规律。

第四章，我国现代服务业生命周期演进的阶段性分析。本章分析了经济服务化背景下我国现代服务业发展的重要意义，进一步分析了我国现代服务业在国际中的水平，指出了我国现代服务业呈现出多元化所有权模式、规模迅速扩大、开放度不断提高、投资明显增长等特点，重点对我国现代服务业发展的生命周期进行了判定，指出我国现代服务业的发展处于成长期即加速发展期，研究了我国现代服务业相对发达国家发展滞后的原因，主要是我国现代服务市场体系发展水平低且缺乏竞争，人们思想观念跟不上，我国居民的人均收入水平较低，尤其是农村居民的收入水平不高。在全世界经济服务化背景下，现代服务业已经成为推动国民经济增长的主要动力之一和扩大社会就业的主渠道，现代服务业的持续稳定增长，对我国经济社会发展也产生了重要影响，最主要的贡献是促进了经济的稳步快速增长。

第五章，辽宁省现代服务业生命周期演进的实证研究。本章首先对辽宁省现代服务业发展现状进行了概括性分析，指出了辽宁省现代服务业的特点、存在的问题以及发展的局限性，重点研究了经济服务化背景下辽宁省发展现代服务业的必要性。其次对辽宁省现代服务业的生命周期演进进行了阶段性分析，对辽宁省三大类现代服务业发展的阶段性演化进行了分析，对辽宁省现代服务业生命周期演化进行了总结性分析，指出辽宁省现代服务业生命周期阶段处于成长阶段，即现代服务业的加速发展阶段。最后给出了辽宁省现代服务业进一步发展的五方面影响因素。

第六章，基于现代服务业生命周期的产业政策制定与选择。本章内容主要分为三部分：一是政策制定目标；二是政策制定原则；三是基于现代服务业生命周期的产业政策选择。通过分析，得出应该挖掘创新引领作用并提升现代服务业的发展势头；建立产业协同发展体系，促进一体化进程；优化服务供给结构，推动现代服务业转型升级；深化各领域改革，为现代服务业发展创造良好环境；多举措提升服务质量，促进现代服务业优质高效发展；加大对外开放力度，增强现代服务业的国际竞争力；突出现代服务业的发展特点，优化空间布局；牢固基础建设，为现代服务业发展提供有力支持。

目 录

第一章 绪论 ··· 1

　第一节　服务业与现代服务业界定 ··· 1
　第二节　现代服务业发展基础及模式 ··· 17
　第三节　现代服务业的相关理论 ··· 23

第二章 经济服务化背景下现代服务业发展分析 ······························ 35

　第一节　经济服务化背景分析 ·· 35
　第二节　现代服务业的影响因素 ··· 44
　第三节　国际现代服务业的发展 ··· 48

第三章 现代服务业生命周期成长阶段及对经济增长的作用分析 ··· 84

　第一节　现代服务业发展阶段与趋势 ··· 84
　第二节　现代服务业的生命周期 ··· 97
　第三节　现代服务业在经济增长中的作用分析 ······························ 103
　第四节　现代服务业的发展规律分析 ··· 111

第四章 我国现代服务业生命周期演进的阶段性分析 ····················· 114

　第一节　经济服务化背景下我国现代服务业发展的
　　　　　重要意义 ·· 114

第二节　我国现代服务业在国际中的水平 …………………… 119

第三节　我国现代服务业的发展特点 ………………………… 120

第四节　我国现代服务业发展的生命周期判定 ……………… 122

第五节　我国现代服务业发展滞后的原因分析 ……………… 125

第六节　我国现代服务业对经济发展的贡献 ………………… 126

第五章　辽宁省现代服务业生命周期演进的实证研究 ………… 128

第一节　辽宁省现代服务业发展现状分析 …………………… 128

第二节　辽宁省现代服务业生命周期演进的阶段分析 ……… 133

第三节　辽宁省现代服务业进一步发展的影响因素 ………… 139

第六章　基于现代服务业生命周期的产业政策制定与选择 …… 143

第一节　政策制定目标 ………………………………………… 143

第二节　政策制定原则 ………………………………………… 144

第三节　基于现代服务业生命周期的产业政策选择 ………… 145

参考文献 …………………………………………………………… 173

后　记 ……………………………………………………………… 178

第一章 绪 论

第一节 服务业与现代服务业界定

一、服务业的概念、分类及功能

（一）服务业的概念

服务是一个具有无形、即时、异质特点的概念。通常有两种定义：一种是按性质定义的，即具有某些特征的特殊交易是一种服务。例如，非物理因素被认为是服务的基本特征。另一种是排他性或统计定义，指的是不能归类为农业和工业部门的服务部门。显而易见，第二种定义不适合理论分析，因为这样定义的服务概念没有统一的经济性，而且理论分析的严谨性还不够。第一种定义仍然用于大多数理论分析。因此，为了正确理解服务并掌握其内涵，我们不仅要看它的定义，更要了解其本质：一方面服务劳动是生产劳动；另一方面服务产品是社会产品。

在人类历史上，服务和服务劳动已经存在，服务业最初被称为"第三产业"，目前服务业已被作为一个完整的概念和系统的理论提出并进行研究，而服务业则从 20 世纪起作为一个产业在整体上发展迅速。"第三产业"的概念是英国经济学家艾伦·费希尔（Allen Fisher）在《安全与技术进步的冲突》一书中提出的。在费希尔的定义中，第一产业是农业和采矿业，第二产业是"以各种方式改造自然资源"的产业，即加工业，第三产业是提供各种"服务"的活动。显然，费希尔对"第三产业"的定义是正式使用与实物产品生产完全无关的概念，经济学家克拉克丰富和完善了费希尔的"第三产业"概念，他主张用"服务型行业"直接取代第三产业概念，他认为服务业比第三产业更准确，并且提到费希尔对产业的分类是模糊的。与此同时，一些学者认为"第三产业"一词与"非劳务生产"一样含混不清，在实际使用过程中很容易被误解，正因如此，西方经济学界"服务业"已取代"第三产业"，这可能是因为"服务"一词的具体含义很容易偏离对相关产业的理解。服务业的具体内涵目前在理论界仍存在争议，但一般认为服务业是销售服务商品的部门和企业的集合，是指除农业、工业和建筑业外的所有其他行业。服务业与其他工业部门的基本区别在于服务业生产服务产品，其特点是非物理性质、不可储存性，同时生产和消费。

我国则一度长期使用"第三产业"概念。1987年，中国国家统计局首次对"第三产业"做出统一规定，认为第三产业是除农业、工业和建筑业外的所有行业的总称，可分为两个主要部门——流通部门和服务部门，四个层次——为生活服务、为生产服务、为提高科学和文化水平服务、为社会的公共需求服务。同时，指出第三产业就是服务业。

随着服务业在现实生活中不断发展变化，服务业的内容和概念应该与时俱进。为充分了解服务业和现代服务业，我们需要从横向和纵向两个角度充分了解服务业。一方面，从纵向发展的角度看，截至目前，人类社会产业发展呈现出三个不同的发展阶段：一是具有一般农业基本特征的生产阶段；二是以机械工业为基本特征的生产阶段；三是以现代服务业为基本特征的生产阶段。在整个人类社会中，任何产业的形成和发展都是一个历史过程。从服务业的形成来看，它当然也是一个动态的概念。例如，传统服务业主要基于生活服务业。20世纪50年代开始，人类社会正在经历第三产业的巨大变化，这种变化恰好反映了现代服务业的快速发展。与传统服务业相比，现代服务业内容发生了根本性的变化。在现代服务业中，不仅生活服务业发生了新的发展变化，而且休闲服务业、生产服务业和社会服务业都开始了迅速的发展变化。特别是社会服务业的发展代表了现代服务业的发展方向，这一方向在社会经济发展中起着越来越重要的作用。另一方面，从横向对比的角度看，不同国家和地区的服务业形成和发展时间不同。作为一个产业，服务业发展水平主要取决于社会生产力的发展水平。与此同时，作为一个特殊产业，它的发展程度直接与社会文化的发展程度相关。世界不同国家和地区的社会生产力和社会文化水平不同，服务业形成和发展的历史时期也不一致，发展的基础也有所不同。因此，世界各国服务业的形成和发展时期必然具有不同的生命周期阶段。

（二）服务业的分类

服务业与第一产业和第二产业不同，它是一个包含行业较多的产业。对服务业进行分类是复杂和困难的，任何分类方法也都是相对的。因此，关于服务业的分类存在很多争论。1958年，乔治·斯蒂格勒在《服务行业的就业趋势》一书中曾指出，"在服务行业的界限或分类问题上都不存在任何权威性的一致意见"。这种差异甚至反映在同一作者的不同著作中也存在划分不一致之处。事实上，服务经济理论中最受质疑的就是服务业的分类。有人甚至说每位服务理论研究人员对服务业都有自身不同角度的分类方法，这些不同的分类方法主要是由不同学者的不同研究目的和分类标准不同而引起的。以下是几种较有代表性的分类方法：

从服务业产生的时间顺序来看，服务业可以分为两类：传统服务业和新兴服务业。传统服务业是一种相对的概念，是在新兴服务业的主要产业形成、独立和达到一定规模之前出现的。通常在新兴服务业出现之前存在的各种服务行业被称为传统服务行业。在新技术革命的推动下已经或正在形成和发展的各种服务行业被称为新兴服务业，这些行业不属于传统服务行业的范畴。目前，新兴服务业主要包括：信息服务业、咨询业、广告业、科技服务业、租赁业、旅游业、广播电视业、民间体育业、家庭教育业、新兴娱乐业、物业管理业、人才交流行业等。这些行业中的主体行业包括信息服务业、咨询服务业、广告服务业和旅游服务业。对于不同发展程度的国家和地区，传统服务和新兴服务往往具有不同的内容，在一个国家或地区，传统服务业和新兴服务业的具体内容取决于国家的经济发展水平。另外，它往往受当地自然条件、国际经济环境和政府经济发展战略的影响，不同国家传统服务业和新兴服务业提供的服务产品的质量结构、品种结构和价格结构也极不一致。

系统地划分服务业的最有影响力的学者应该是洛夫洛克（Lovelock），其划分被称为"具有战略启示的服务分类"。洛夫洛克的研究使用六种不同的方法对服务进行分类，六个分类标准包括服务对象、行为模式、关系模式、交互频率、定制级别和需求波动。根据不同的对象（人类服务或服务）和行为（有形或无形）进行更具代表性的划分，结果是将服务分为四类：一是有形行为作用于人的服务，如医疗、保健、度假、酒店、航班等；二是无形行为作用于人的服务，如教育、文娱表演、法律咨询等；三是有形行为作用于物的服务，如房屋清洁、家具维护、环境保护等；四是无形行为作用于物的服务，如金融服务、保险服务等。

刘志彪教授认为目前比较合理的分类方式是把服务生产部门分为四大类：①配送服务，包括运输和仓储、交通、批发和零售交易；②消费者服务，包括接待和餐饮服务、私人服务、娱乐和休闲服务、其他杂项服务等；③生产者服务，包括企业管理服务、金融服务、保险服务和房地产服务；④政府公共服务。该四大类部门划分法实际上将服务业分为三类，即生产者服务业、消费者服务业和政府公共服务业。配送服务和生产者服务可以放在生产者服务业这一大类里。事实上，生产者服务的规模是第三产业的附加值减去消费者服务的附加值，再减去政府提供的服务价值的余额。

Fisk 和 Tansuhaj 基于服务的不同领域，于1985年提出将服务分为十大类：①医疗保健服务，如医院、诊所、保健组织和医生所提供的服务；②食宿、交通与旅游服务，如旅馆、饭店、航空公司和旅行社所提供的服务；③金融服务，如银行、保险公司和经纪人所提供的服务；④专业服务，如会计服务、法律咨询服务与房地产开发、广告、房屋装饰、工程设计、建筑、顾问等；⑤体育、艺术与娱乐服务，如赛车、奥林匹克运动会等各种运动比赛，芭蕾、话剧等艺术类，摇滚音乐会与马戏团等娱乐类服务；⑥渠道、物流与租赁服务，如零售、批发、特许经营与销售代理等渠道服务，轮船运输等物流服务，服装租赁、汽车租赁及重型设备租赁等；⑦教育与研究服务，日常辅导、指导教师、各级学校的教育类服务，管理信息服务、研究机构、信息服务与图书馆等研究服务；⑧远程通信服务，如收音机、电视、电报、电话、卫星、计算机网络与国际互联网等；⑨个人及维修服务，如工作介绍、美发、健身房及家政服务等个人服务，汽车修理、水管维修及草坪维护等维修服务；⑩政府、准政府与非营利服务，如国家、州与地方政府的服务，公用事业及警察服务等政府服务，社会营销、政治营销及邮政服务等准政府服务，宗教服务、慈善服务、纪念馆和俱乐部等非营利服务。虽然这种划分比较全面，但除了第十类和上述九类存在重叠外，基本符合零交叉的科学分类原则，但这种划分过于复杂，不能在具体应用中实现。

目前常被学者引用的分类方式是经济学家辛格曼根据服务功能不同

将服务业分为四类的方法。第一种是流通性服务业，指通信、运输、商业批发和零售业。流通性服务业是从生产到消费的最后阶段，它与第一产业和第二产业相连，是从原始自然资源到精炼、加工、制造、销售，最后到消费者的整个生产、流通和消费产品的完整过程。随着商品规模的扩大，流通服务将不可避免地增长，同时，最终消费品的附加值是这三个阶段的附加值总和。在流通性服务业中，交通运输业与经济发展程度密切相关，而批发和零售业在低等发达国家也很普遍。从就业率来看，即使在发达国家，尽管实现了工业自动化和商业网络的现代化，但这种相对低生产率和劳动密集型的职业并未迅速减少，而是仍保持在较高水平。流通性服务业在各国都是占比最大的服务业，就业人口较多，大约是生产性服务业的2倍。第二种是生产性服务业，指与生产直接相关的服务。生产性服务业的生产商品和其他服务过程中耗费的投入，该种类型服务业的重要性在于其对劳动生产率和经济增长效率的影响。在现代经济中，科学技术在提高经济发展水平方面发挥着关键作用，其中生产者服务的输入是在生产过程中最主要的因素。随着科技水平的不断提高，生产性服务业拥有越来越多的专家和科学技术，在知识技术密集型服务的不断投入过程中生产效率得到了提升和发展。因此，生产性服务业被认为是新兴经济体的关键服务类别，能够为生产者提供信息，增加公司的生产组合并提高工作效率。它的扩张与生产和经营活动的关系越来越密切，并且变得越来越复杂。20世纪以来，生产者服务在所有发达国家都显著增长，并且在增长率方面远远高于流通性服务业。不仅如此，生产性服务业的增长也不断提速，第二次世界大战特别是20世纪70年代以来，增幅非常明显。在发达资本主义国家从以工业资本为主导的社会向金融资本为主导的社会转变之后，以金融资本为主要服务功能的金融业将得到前所未有的快速发展。第三种是个人服务业，主要涉及从饮食到娱乐等与个人消费相关的服务。个人服务业主要来自个人的最

第一章 绪 论

终需求,其中大多数是传统服务行业,它们一般具有规模小、分散经营、人力资本和物质资本投入少、技术含量低等特点。第四种是社会服务业。如果说流通性服务业和生产性服务业是通过工业生产的扩展,或通过工业文明的发展而不断推动,社会服务业和个人服务业的需求则主要来自消费者的直接需求,两者主要受最终需求驱动。许多学者认为,社会服务是发达社会的一个重要特征,它们的显著发展发生在工业化的后期阶段,社会服务具有公共需求的特征,这些需求是高度发达的物质文明产品,它们的实现还必须依赖高度发达的材料生产条件。因此,社会服务业的发展是一定生产力发展水平的产物。应该指出的是,在发展中国家,由于经济发展水平相对滞后,政府在经济发展过程中发挥重要作用,因此政府制定的产业政策在管理经济和社会职能中的作用正在迅速扩大。政府和各种非营利性公用事业向公众提供越来越多、越来越广泛的服务。这也表明,相当一部分公共服务是为维持系统运作而产生的,这是社会消费的"交易成本"。个人服务业和社会服务业都是终端服务,在社会和经济发展过程中,个人服务业的作用正在不断下降,而社会服务业的作用则在不断上升。但是,在发达国家,个人服务业仍然占有相当大的比例,这是因为个人服务业本身与现代技术和发达经济体无关,但技术进步中生产力的提高不仅使人们的生活更加富裕,而且更短的工作时间也有更多的闲暇时间,这使低技术的个人服务业在先进社会中仍占有一席之地。综上所述,这种分类方法被广泛认可,主要是因为它可以反映服务业在经济发展过程中内部结构的变化,可以看出服务业的内部结构取决于它们的不同功能。

截至目前,中国还没有专门的服务业统计体系,只有三个产业分类和统计数据。《"十五"计划纲要》和《"十一五"规划纲要》中将服务业划分为两种类型:面向生活消费的服务业和面向生产的服务业。前者主要指房地产业、装饰装潢业、物业管理业、旅游业、社区服务业、商业零售业、餐饮业和职业培训业，以及生活消费的金融保险服务业、娱乐和健身业、文化和体育产业；后者主要指流通业、交通运输业和邮政业，面向生产的金融保险业，会计、法律、管理咨询、工程咨询、信息服务等各种中介服务业，尤其是网络、信息技术应用咨询和数据库服务业也属于面向生产的服务业。

中国三大产业分类中的第三产业包括：①农业、林业、畜牧业和渔业服务业；②地质勘查业、水利管理业；③交通运输业、仓储业、邮电通讯业；④批发零售贸易餐饮业；⑤金融、保险业；⑥房地产业；⑦社会服务业；⑧卫生体育和社会福利业；⑨教育业、文化艺术和广播电影电视业；⑩科学研究和综合技术服务业；⑪国家机关、政党和社会团体；⑫其他行业。

根据联合国和世界贸易组织的分类方法，服务贸易包括：①商业服务（进一步分为专业服务、计算机及相关服务、研发服务、房地产服务、租赁服务、其他商业服务等）；②通信服务（进一步分为邮政服务、快递服务、电信服务、视听服务、其他服务等）；③建筑及相关工程服务；④配送服务（进一步分为佣金代理服务、批发服务、零售服务、特许经营服务、其他服务等）；⑤教育服务；⑥环境服务；⑦金融服务（进一步分为保险和保险相关服务，银行和其他金融服务、证券服务等）；⑧与健康有关的服务和社会服务；⑨旅游和旅游相关服务；⑩娱乐、文化和体育服务；⑪运输服务（进一步分为航运服务、内河运输服务、航空运输服务、航天运输服务、铁路运输服务、公路运输服务、管道运输服务、运输辅助服务等）。

（三）服务业的功能

服务业主要有两大功能：促进经济发展功能和促进社会发展功能。

1. 促进经济发展功能

服务业作为三大产业的重要组成部分之一，既反映了区域市场经济的成熟度，也体现了区域综合竞争力。高水平的服务业可以看作区域现代经济发达程度的重要标志。服务业的经济发展功能主要有以下三点：

一是经济增长的"新引擎"功能。中国经济增长的核心一直是投资，服务业长期以来一直被用作第三产业。随着中国经济的转型升级、经济水平的不断提高，服务业在国民经济中的地位也不断提高，成为区域经济发展的加速器和增长点；同时，三大产业不断融合，服务业叠加且不断发展壮大，新兴服务业不断涌现。这些将使服务业成为经济社会增长和可持续发展的新动力。同时，它也是中国经济转型的重要起点。

二是产业链延伸的功能。经济增长和发展的影响在产业联系的作用和外部性的集聚中得到了显著体现，服务业的发展对促进产业链的延伸、促进产业联动和集中度的提高，甚至产业集群的推广起着巨大作用。这体现在两个方面：一是成为第二产业的黏合剂，促进其产业集群的形成；二是通过三个产业自身的不断分化，形成大小服务链，丰富产业结构，提高行业质量。因此，服务业产业链的作用对于中国经济发展方式转变、产业结构升级、提升经济发展的"质量"及"数量"具有重要意义。

三是扩大内需功能。大幅扩大内需的能力是服务业的重要功能，也是服务业成为经济发展重要组成部分的主要原因。以美国次贷危机引发的全球金融危机为例，其影响对包括服务贸易在内的中国对外贸易产生了巨大冲击，缓解这种冲击的直接方法就是扩大内需。服务业可以通过两种方式拉动国内需求，一种是服务业发展拉动的基础设施等社会基础设施条件的需求扩张；另一种是各种服务外包提供给国内市场的各种新服务将导致国内公司和居民产生从无到有的新需求，这种拉动内需的功能就是实现增长和就业的重要手段。

2. 促进社会发展功能

服务业促进社会发展的功能可以提升区域人民生活水平，该功能在衡量社会生产成就度方面发挥着重要作用。

具体来说，促进社会发展功能有三点：一是增加就业职能。以中国为例，中国是一个人口众多的国家，就业不足一直是影响中国经济发展总体质量不高的重要因素，服务业基本上属于劳动密集型产业，其财务和技术门槛相对较低，因此，大力发展服务业是解决就业问题最快最有效的途径。二是引导社会分工，形成新的社会结构功能。工业进步的特点是社会分工的不断分化，随着收入水平的不断提高，人们不断产生新的消费需求，需要各种新的服务，这将使服务业的分工更加细化，促进社会职业结构的深化和完善。三是提高社会发展质量，人民生活水平有所提高。除了工业技术进步提供的各种新产品外，服务业的发展主要是提高了人们的生活质量。服务业的内涵与人们的日常生活息息相关。服务业发展良好，人民生活水平迅速提高。因此，不断提高服务业发展质量是提高人民生活质量的关键。

二、现代服务业的内涵、特点及分类

近几十年来，随着经济全球化、现代化和信息化的加速，知识、资本、信息和人才迅速在全球范围内流动，全球产业结构发生了巨大变化。20世纪60年代以来，经济发展的重点已转向服务业。20世纪80年代末，全球经济已从"工业经济"时代转向"服务经济"时代。随着全球"服务经济"的发展趋势日益明显，服务业的内部结构在技术和知识的推动下发生了重大变化。现代服务业是整个服务业的核心和支撑力量，其发展程度已成为衡量社会发展水平、国际化和现代化水平的重要指标之一。

(一) 现代服务业的内涵

现代服务业是在高度发达的工业化阶段产生的,是指工业产品大规模消费阶段之后出现的服务业的快速增长阶段。它主要是依靠信息技术和电子信息等现代管理理念,采用新的组织形式和业务方法发展起来的,信息和知识相对密集的新兴服务业。现代服务业是衡量一个国家和地区发展水平的重要指标。

随着世界信息革命和科技的不断进步,现代服务业应运而生,主要以信息革命中不断涌现的信息密集型服务业为发展基础,与传统服务业相对立。现代服务业有广义和狭义之分,广义的现代服务业主要包括传统服务业的转型升级和新兴服务业;狭义的现代服务业主要包括依靠信息技术、现代科学技术和服务等发展起来的服务业。相比之下,狭义现代服务业主要在信息、知识和技能方面相对密集。本书将现代服务业定义为依靠高科技和现代管理方法、新型组织形式以及经营方式发展起来的知识信息密集型服务的部门,主要为生产者提供中间投入,如金融服务、信息咨询服务、法律服务、展览服务等,以及一些由新技术改造的传统服务。

(二) 现代服务业的特点

现代服务业主要具有以下基本特性:

一是现代性。现代服务业是传统服务业的转型升级。由于市场竞争日益激烈,服务范围不断扩大,商业部门不断扩大,现代服务业必须提高资源利用率以及劳动力和生产运营的效率。没有计算机和可靠信息系统的支持,就无法对数千种商品实施单项管理和全程管理。这种现代性在本质上也可以被理解为一种新兴性,即它在时间上是现代的,或是从过去发展而来的。例如，体育服务业及健康服务业就是从传统的服务业中演化发展而来的。

二是高科技性。虽然现代服务业属于服务业范畴，但其服务流程和服务活动主要依靠现代高科技技术。现代服务业拥有专业的人才和专业的技术服务企业或机构，其具有专业的技术和实践经验。客户在特定区域提供专业服务，以提高服务质量和服务效率，从而有效降低交易成本。现代服务业所包含技术的高科技含量越来越高。例如，银行存款和贷款是传统的银行服务业。由于采用高科技计算机网络技术，建立电子银行和网上存贷服务体系，目前已经发展成为现代服务业。

三是先进性。它主要包括管理方法、理念的先进性。现代服务业在管理上是采用最先进的管理方法和手段，采用先进的科学技术，特别是信息网络技术和数字技术的广泛应用。管理理念的先进性主要体现在企业文化中，如"以客为本""以人为本""以员为本"等经营理念。现代服务业通过这种先进性为消费者提供新型知识的生产、传播和使用，使知识在服务过程中得到增值，如信息咨询业、会展业、法律服务业等。

四是高集聚性。现代服务业可以发挥各种服务的规模效应，形成服务业的集聚效应，服务业将大幅增值，服务经济将产生规模效应。这种规模效应现在在大城市很明显。例如，在美国的纽约、英国的伦敦和日本的东京等大型城市，不仅有大量的现代服务业，如金融、国际咨询服务和商业服务业，还有大量的工商业总部和服务总部，充分发挥集聚效应。

对现代服务业上述特征的描述是针对现代服务业的整体而言。具体到实际服务行业，它可能同时具有四个特征，或者它可能只有一个特征。例如，对于旅游业，需要对整个行业的知识熟悉，但缺乏高科技和新兴手段，只有特定的科技旅游，如航天中心旅游和未来的太空旅游，才具有高知识性和高科技性。因此，从理论上讲，有必要根据现代服务业的四个特点，确定现代服务业不同层次的有效标准。

一般来说，在对总量进行定性判断的前提下，定义现代服务业有两个基本标准：一是同时具有四个特征的严格标准；二是相对广泛的标准，只需要具备某一个特征即可。以旅游业为例，其具有的高科技性不明显，如果按照严格的标准，旅游业不应该在现代服务业的范围内，但根据先进性的标准，旅游业却又属于现代服务业的范畴。

(三) 现代服务业的分类

目前，学者对现代服务业的看法并不统一，存在差异。最为常见的是将现代服务业分为四大类：生产服务业、消费（生活）服务业、公共服务业和基础服务业。其中，与国民经济增长密切相关的是生产服务业，包括金融业、物流业、电子商务和电信服务业；与人们的生活以及社会相关的是消费（生活）服务业，如餐饮和旅游业；公共服务业包括电子政务、医疗和教育；基础服务业包括为社会的公共需要提供服务的行业。随着经济的不断发展，现代服务业的内涵在不断变化，其所涵盖的产业部门在不断变化和扩大。2002年10月，国家统计局对《国民经济行业分类和代码的国家标准》（GB/T4754-94）进行了修订，重点是加强第三产业，特别是新增了对现代服务业的分类，如信息传输服务业、商务服务业、计算机服务业等。我国中长期科学和技术发展规划战略研究专题组（2004）按照现代服务业的主要对象和功能，把现代服务业具体划分为四大分类：基础服务业（包括通信服务和信息服务）、个人消费服务业（包括教育、医疗保健、住宿、餐饮、文化旅游、房地产等）、生产和市场服务业（包括金融、物流、电子商务、咨询等专业服务）、公共服务业（包括政府的公共管服务、基础教育、公共卫生、公益性信息服务等）。2005年北京市统计局从高收益性、高劳动生产率的角度，对北京市服务业的普查资料进行了测算，最后将信息服务业、金融业、房地产业、商务服务业、科技服务业、环境管理业、教育培训业、医疗保险业、文体娱乐业九大门类作为现代服务业。

以下是具有代表性的四种分类结果，如表1-1至表1-3所示。

表1-1　按国际标准行业分类（ISIC）界定的现代服务业类别

门类	大类
I—运输、储藏和电信业	64 邮政与电信业
J—金融	65 金融媒介（不包括保险和养恤基金） 66 保险和养恤基金（不包括福利等强制性保险） 67 金融辅助活动
K—不动产、租赁和商业活动	70 房地产活动 72 计算机和相关活动 73 研究与发展 74 其他商业活动
M—教育	80 教育
N—医疗与社会工作	85 医疗和社会工作
O—其他社会、公共、个人服务活动	91 未另列明细的成员组织的活动 92 娱乐、文化和体育活动
Q—域外组织和活动	99 域外组织和机构

资料来源：王守法. 现代服务产业基础研究［M］. 北京：中国经济出版社，2007.

表1-2　按世贸组织服务业分类标准界定的现代服务业类别

门类	大类
商业服务	A. 专业服务 B. 计算机及相关服务 C. 研究与开发服务 D. 不动产服务 F. 其他职业服务
电讯服务	C. 电信服务 D. 视听服务

第一章 绪 论

续表

门类	大类
建筑及有关工程服务	A. 建筑物的一般建筑服务 B. 民用工程的一般建筑服务 C. 安装与装配服务 D. 建筑物的完善与装饰工作
教育服务	B. 中等教育 C. 高等教育 D. 成人教育
环境服务	A. 污水处理服务 B. 废物处理服务 C. 卫生及相关服务
金融服务	A. 所有保险及与保险有关的服务 B. 银行及其他金融服务
健康与社会服务	A. 医院服务 B. 其他人类健康服务
与旅游业有关的服务	A. 饭店与宾馆（包括供应饭菜） B. 旅行社及旅游经纪人服务 C. 导游服务
娱乐、文化与体育服务	A. 娱乐服务（包括剧场、乐队与杂技表演等） B. 新闻机构服务 C. 图书馆、档案馆、博物馆及其他文化服务 D. 体育及其他娱乐服务

资料来源：王守法. 现代服务产业基础研究 [M]. 北京：中国经济出版社，2007.

表1-3 我国现代服务业行业分类目录

行业门类	行业大类代码	行业名称
G	信息传输、计算机服务和软件业	
	60	电信和其他信息传输服务业
	61	计算机服务业
	62	软件业

续表

行业门类	行业大类代码	行业名称
J	金融业	
	68	银行业
	69	证券业
	70	保险业
	71	其他金融活动
K	房地产业	
	72	房地产业
L	租赁和商务服务业	
	74	商务服务业
M	科学研究、技术服务和地质勘查业	
	75	研究与实验发展
	76	专业技术服务业
	77	科技交流与推广服务业
	78	地质勘查业
N	水利、环境和公共设施管理业	
	80	环境管理业
P	教育	
	84	教育
Q	卫生、社会保障和社会福利业	
	85	卫生
	86	社会保障业
R	文化、体育和娱乐业	
	88	新闻出版业
	89	广播、电视、电影和音像业
	90	文化艺术业
	91	体育
	92	娱乐业

资料来源：王守法. 现代服务产业基础研究 [M]. 北京：中国经济出版社，2007.

第一章 绪 论

第二节 现代服务业发展基础及模式

一、发展基础

现代服务业是服务业的一部分。总的来说，服务业兴起和发展的原因就是现代服务业发展的原因。但是，现代服务业的发展也有其自身的特殊性。

现代服务业在不同时期都以不同形式存在，特别是在工业化之后发展更为迅猛，只是在经济发展的不同阶段，其功能和表现各不相同，在一定程度上，现代服务业的发展是物质生产部门内部服务发展逐步外化的结果。发展到一定阶段后，会有不同的派生形式来自服务业。列宁在他的《帝国主义》中曾经指出，资本主义国家正在从经济形式的竞争转向垄断，而垄断的出现意味着企业规模逐步扩大，这也是规模经济的要求。从20世纪初到90年代，世界范围内一共经历了五次较大的世界范围的并购，企业和公司的规模也空前增长。结果在企业规模不断扩大的同时，市场竞争也开始不断加剧，影响企业发展的外部和内部的不确定因素开始错综复杂且多变，给各企业的发展带来了巨大的压力。因此，任何一个企业各部门的规模化管理过程中，复杂多变的不确定性等问题都可能使企业面临破产的可能性。企业的有限性以及信息的不完整性和资源的约束决定了企业不能参与企业生产所涉及的所有环节，企业的某些功能需要转移到专业性的服务企业，资本循环的三个阶段不再是时间上由单一企业进行时间上继起，企业内部服务与企业自身的分离是市场选择的最终结果。企业通过外部化获得服务的成本远低于企业自身生产的服务成本，因此企业会选择外部化服务，而且外部化服务相比企业自身更加专业和高效。

分工是生产过程由于差异化而划分为不同的部分，每个不同的部分需要不同的技术且分别完成。劳动分工发生在公司或行业内，劳动分工和专业合作提高了劳动生产率，分工的发展程度和增量收益的程度是相关的。因此，现代服务业的发展是分工发展的结果。分工的完善使生产更加专业化，生产的专业化需要更多的专业人员从事这些相关职业，以提供专业服务。与此同时，经济服务化的趋势也越来越明显。由于市场对人力资本密集型、知识密集型现代服务业的需求不断增长，在需求导向型社会中，需求的增长导致了现代服务业的发展。

现代服务业在工业革命之前萌芽，最初是在第二次世界大战的工业革命期间发展起来的。它成立于20世纪80年代，并在20世纪90年代进入了一个新的发展时期。现代服务业逐步壮大和发展，以适应经济和社会发展的要求，它是科学技术不断进步的结果，是经济发展到一定阶段的必然产物。具体来说，现代服务业发展的基础主要有以下六个方面：

第一，分工的影响。日益复杂的产出过程导致更精细的分工是现代服务业竞争激烈的基本原因。复杂的生产技术和新兴的专业服务公司的出现，都促使公司逐步将价值链的某些方面与其核心业务分开，外包给那些更善于从事此类业务的专业化公司，这直接导致了现代服务业的出现，更多此类外包活动进一步推动了现代服务业的发展，它还促进了行业的分工更加精细化。目前，在发达国家，企业资源外包显著增加，其大部分外包业务为服务业，而知识密集型服务业在外包业务收入中所占比例远高于其他服务业。规模越大的公司往往外包服务占比越重，信息技术服务外包较多，接下来是人力资源服务、市场和销售服务、金融服务，均属于常见范畴。从现代服务业外包的实践中可以看出，企业的外包需求促进了服务行业，特别是现代服务业的快速增长。

第二，基本服务需求的增加。对基本服务的需求导致了一些新兴的现代服务业的出现。随着科学技术的发展与进步，与技术相关的基础服务的重要性不断增加，需求也在不断增加。相关的新兴服务业已经出现，如专利代理、技术中介和其他服务等。

第三，新技术产生的催化作用。新兴技术的发展催生了一些新兴产业，随着经济的快速发展，许多新兴技术已经出现。这导致了一些新兴服务业的出现，极大地拓宽了传统服务业的类型和服务渠道。例如，体育产业和健康服务业随着人们对健康的重视而出现并快速发展。随着对健康服务需求的不断增加，现代服务业中出现了一类新的服务公司及相关领域，包括养老保健、人工智能等一系列服务快速增长并成为现代服务业的新兴增长点。

第四，对知识的重视度日益提高。企业对知识的日益重视促进了现代服务业的发展，随着科技知识逐渐成为生产和服务的重要资源并不断被利用，企业开始关注这种无形资产的中间投入，这也是推动现代服务业发展的重要原因。知识资源需求的增加主要是由于市场竞争的加剧，以及科技进步和创新带来的好处。各国产业发展壮大过程中的服务中间投入占比均呈不断上升的趋势。

第五，放松监管和保护。服务业是一个深受政策和法律影响的行业，对于现代服务业尤其如此。在许多国家，银行和电信等行业都受到复杂而烦琐的监管。即使是对服务业拥有最自由控制权的美国，20世纪70年代末以来，也只是停止了对电信业、银行业和公用事业的直接干涉。政府放松对服务业的监管和垄断是当今世界的一个主要趋势。许多欧洲政府参考美国模式开始支持公共服务行业的市场化运作，因为它们无法依靠国有企业维持对各种公用事业领域的供给，放松监管，极大地促进了现代服务业的发展和繁荣。

第六，经济全球化的发展。经济全球化推动了现代服务业的全球化，工业生产的国际化创造了对会计、法律和管理服务的需求，促进了现代服务业的出口和国际直接投资。经济全球化和服务化的背景下，在开放的环境中，国际现代服务业加快了对我国的转移。以著名的跨国咨询和审计公司为例：麦肯锡、波士顿和四大会计师事务所先后进入中国市场。

二、发展模式

（一）拆分重组模式

拆分重组是指涉及多个领域的现代服务企业通过分工与重组，形成新的、更加专业化的现代服务企业。这种现代服务业的分裂和重组通常是由外部原因引起的。一方面，市场需求不断专业化；另一方面，政策和法规有时迫使一些现代服务业重组。在20世纪70年代，基于审计的会计师事务所开始进入管理咨询领域。多年来，世界四大会计师事务所已经在咨询领域具有绝对优势。但是，随着咨询业务在公司收入中的比例逐渐增加，其缺点日益突出。许多研究指出，提供管理咨询服务将破坏审计工作的独立性。随着安达信的破产，对于审计工作独立性的讨论日益激烈，这进一步加速了四大会计师事务所审计业务和管理咨询业务的分离。

（二）创始模式

创始是指通过创新的企业家精神建立的现代服务企业。具体而言，它是一家新成立的企业，通过创业离开了原公司、研究所或大学。一些小型咨询公司通常以这种方式建立，并且许多计算机服务公司、软件或网络设计公司也以这种方式建立。创建现代服务业的创始人通常在特定的专业领域拥有出色的知识和技能，这是建立和发展现代服务业的基础。

（三）服务功能外化模式

服务功能外化是现代服务公司的主要来源，最初由企业内某个部门提供给其他部门的服务功能现在被"外部化"以提供给更大的市场。这种类型和模式的开发在技术（特别是服务、某些设计和工程服务）中非常普遍。从企业战略的角度来看，这种模式可以理解为一种功能从母公司的组织层面向市场的转变。功能的外化可以从三个方面来解释：首先，母公司不再需要这个功能，服务功能闲置并转向外部；其次，内部交易中服务功能的成本超过了市场上的交易成本，它可能会受益更多；最后，外部市场得到充分发展，产生了对该服务的需求，导致原有的内部部门开始向外界提供服务。

（四）公共服务市场化模式

公共服务的市场化意味着政府、教育机构和研究机构等公共部门在预算压力下，将最初支持或签约的公共性服务带入市场，并以市场为导向逐步商业化发展为服务公司，如国家实验室的市场化和私有化、高等教育机构的市场化、孵化器和技术园区的出现，以及作为大学副产品建立的研发公司等。以咨询公司为例，在美国直接从事咨询业务的1300多家公司中，大学咨询机构占总数的10%左右。斯坦福国际研究院就是其中之一。斯坦福国际咨询研究所成立于1946年，是斯坦福大学的一个机构，1970年，随着业务的发展，它成为美国一家大型咨询机构。斯坦福国际咨询公司实行董事会管理制度，成员在科学、教育、商业和政界都很突出。该研究所根据业务需求设有六个部门，并根据学科建立了若干研究中心，该研究所依托大学的人才、信息和科研优势，每年提交各种研究报告，包括美国对外战略、政策、国防和空间技术，美国与盟国的关系，能源供应和需求，技术开发和转让，区域和城市规划以及环境保护方面取得了许多成就。由于研究所经常受世界各国委托而制定许多国家和地区的经济发展计划、提供工业和市场条件的咨询服务、研究技术和产品的新发展、制定现代管理方法和规划,其国际影响也很大。该研究所与65个国家和大学的300多家公司保持着业务联系,出版和发表各种期刊、论文、研究报告和情报材料,是国际咨询业中著名的跨国集团和学术研究中心。

(五) 重新定位模式

重新定位主要是最初在制造业或其他领域的企业或组织通过重新定位成为现代服务公司。例如,一些大型企业最初定位为制造企业,但其利润来源和人员主要是软件和系统集成的服务功能,因此可能被重新定位为现代服务业,而现有的制造企业正在通过服务这种转变在很大程度上可以看作"重新定位"为现代服务业的一种表现形式。其他类型的组织也可能通过转移活动内容和重点成为当前的重新定位功能的服务公司。IBM公司是最典型的重新定位案例,它曾经是个人电脑制造业的领导者,现在显然倾向于服务业。在IBM最初建立时,服务收入仅占收入的一小部分,其中大部分来自硬件维护收入,随着公司业务不断发展壮大,IBM服务收入已超过硬件和软件等部门,占公司总收入的一半以上。目前,IBM的服务不仅包括金融、能源和交通等各个领域的工业解决方案,还包括各种小规模的硬件维修服务。根据IBM的愿景,要帮助客户组织流程并集成所有硬件和软件系统,以推动基础设施服务,向客户销售IBM的解决方案,维护软件和硬件,在发展过程中,其已经重新定位为更倾向于现代服务业的公司类型。

第一章 绪 论

第三节 现代服务业的相关理论

现代服务业自诞生以来一直是一个备受争议的概念和类别，许多与之相关的基本理论问题尚未得到解决，从而对服务业和现代服务业尚未有统一的认知。这给服务业、服务经济理论和现代服务业的研究带来了许多困难。

一、马克思的服务理论

就像劳动价值论和剩余价值论的建立一样，马克思对服务的阐述是基于前人理论的判断。众所周知，马克思从商品和价值的分析入手明晰了资本主义社会生产的规律。因此，马克思在讨论生产劳动和非生产劳动时涉及服务问题。然而，当马克思研究资本主义生产体系中服务劳动的本质时，它首先建立了区分生产劳动和非生产劳动的标准，其次具体确定了服务劳动的性质。

在服务的性质方面，马克思以这种方式定义服务：一般来说，"服务"一词是指这种劳动提供的特殊使用价值，商品具有两个因素——价值和使用价值，正如所有商品都会提供自己的特殊使用价值一样，"服务"被看作劳动创造的使用价值的一种特殊名称。马克思的定义首先肯定服务是使用价值，是社会财富，并且可以在市场上交换；其次指出服务与商品之间存在的区别。其他商品是以物品的形式呈现，而服务体现在各种形式的活动中。此外，马克思下述论断对我们分析服务的经济意义具有重要意义；"收入的一部分同充当使用价值的商品交换，另一部分同作为使用价值来消费的服务本身来交换"，"那么，在这种情况下，收入必须或者同完全由资本来生产和出卖的商品交换，或者同这样一种劳动交换，购买它和购买那些商品一样，是为了消费，换句话说，仅仅是由于这种劳动所固有的物质规定性，由于这种劳动的使用价值，由于这种劳动以自己的物质规定性给自己的买者和消费者提供服务"，"任何时候，在消费品中，除了以商品形式存在的消费品以外，还存在一定量的以服务形式存在的消费品"。从马克思这些论断中我们可以得出，马克思认为资本主义社会服务劳动就像其他劳动过程一样，既可能是生产劳动也可能是非生产劳动。与资本交换的劳动为资本提供利润，为生产提供劳动；与个人收入交换的服务劳动，目的是为消费者提供实用的使用价值，是非生产性劳动。

在马克思所处的时代，虽然服务业并不像我们现在所处的社会那样发达，但是资本主义社会服务业的发展一直呈现上升趋势。马克思能够从资本主义基本经济规律与资本主义之间的内在联系来概括和预测资本主义社会中的服务业从开始到后期的发展趋势。马克思认为，剩余价值的获得是资本主义社会的基本经济规律。在资本主义时期，由于劳动生产率的不断提高和资本有机构成的不断上升，导致剩余价值率快速增长的同时，机器代替劳动发挥了巨大作用，大量劳动者从工业生产领域中解放出来，并通过农业生产方式的转变，解放出来的劳动力与农村剩余劳动力一起构成了一个在资本主义经济和社会稳定中发挥重要作用的劳动力后备军。一方面，为服务业的扩张提供了大量的廉价劳动力；另一方面，它们迫使各种类型的资金流入包括服务业在内的各种新兴产业，以获得平均利润和超额利润。此外，应该指出的是，在资本主义社会从低级到高级的发展过程中，虽然工人的相对贫困没有得到缓解，但他们的收入也相应增加，这必然导致社会中从事知识传播和流通、为居民提供服务的专业部门，如贸易和金融等部门的增加。

马克思认为，服务劳动从属于分工。社会分工应该被理解为社会劳动整体或整体分工为各种形式的劳动，表现为一整套特殊的劳动方式。

服务劳动是一种特殊的劳动，具有特殊的使用价值，具有工农业劳动所没有的各种特点。基于此，我们可以肯定马克思对分工的定义及其对服务劳动的解释本质上包含了服务劳动是劳动分工系统的一部分的结论。马克思在他的《资本论》一书中特别澄清了这一观点。他指出，在原来的公社中，服务业是劳动分工的一个组成部分，有些人从事农业，有些人从事税务、簿记、保安、教育、修理等。马克思还认为，社会内部的分工和工厂内的分工，虽然有许多相似之处和联系，但两者不仅程度不同，而且也有本质区别。马克思的分工理论与亚当·斯密等的观点相悖，逻辑上包含服务劳动从属于分工的观点，服务劳动会随着生产方式的变革而不断改善和提高，以更好地满足人们的需求，其在分工制度中的地位和作用也将不断上升。

马克思认为，有些服务是由制度缺陷引起的。不可能仅从"有用性"的概念来证明生产或非生产劳动产生的原因，事实上，由于社会发展进程中出现的缺陷，一些"有用的"劳动或生活劳动就成为"必要的"且可以弥补缺陷的，因此，必须严格区分这些活动。

二、中西方经济学家的服务观

改革开放前，中国经济界从未重视服务经济理论的研究。从社会主义经济思想史的发展历程来看，服务的相关理论基本上都是基于生产劳动和非生产劳动的本质和分类展开。我国关于生产劳动和非生产劳动的争论始于斯大林的"国民收入"理论，斯大林模式对马克思的生产劳动和非生产劳动理论有了更为严格的理解，并对"生产"这个词进行了详细论证，其理论对社会主义国家产业结构的发展产生了深远的影响，大多数社会主义国家在发展初期其服务业在国民经济中所占比例较低，不能说与此无关。20 世纪 80 年代，中国的理论界讨论了生产劳动和非生产劳动问题，并提出了中国经济学家对这一问题的看法。大多数经济学家认为，旧的生产劳动和非生产劳动理论不能很好地解释现实的经济生活，斯大林的经济模式面临着实际和理论上的挑战，并且总体上趋于崩溃，中国面临着对外开放的新经济格局，必须有一套新的理论来满足这种需要，而促进理论突破的动力是国民经济统计问题。实践总是走在理论前面，当理论界的争论无止境时，国家统计局于 1985 年开始使用 CNP 指标，同年 8 月发布了第三产业统计数据。20 世纪 80 年代上半期的服务理论观点各方面都有不同程度的突破，但这些观点基本上专注于论证服务的价值创造，许多学者已经想到许多理论"技术"来"证明"服务正在创造价值，关于服务业的特征和真正内涵的研究不多。直至 20 世纪 90 年代，随着社会主义市场经济体制的逐步建立，服务业在国民经济中的地位和作用变得越来越重要，服务业能否再次创造价值的问题成为经济理论界的一个讨论热点，使这一理论的研究更加深入，更接近真实的经济生活。此后国内关于服务业是否能创造价值的问题的理论观点主要有：

一是劳动生产创造价值的观点。这种观点认为，并非服务行业的所有劳动力都能创造价值，只有那些为物质生产和生活服务的生产性服务劳动创造价值，而那些不提供服务的劳动者却不能创造价值。有人认为，根据马克思的劳动价值论，不可能概括服务业能否创造价值，而是进行具体分析，因为只有生产性抽象劳动才能创造价值，所以只有生产性服务劳动才能创造价值。

二是社会劳动创造了价值的观点。这种观点充分肯定了服务业的劳动力是生产劳动力，并将其纳入"社会劳动"类别，这被视为创造价值。这里使用的术语"社会劳动"不仅包括服务业所有部门的劳动力，还包括物化劳动力，这种观点在经济理论界引起了极大争议。

三是在非物质生产部门创造价值的观点。持这种观点的人认为，除了物质资料生产部门的劳动创造价值之外，服务业非物质资料生产部门的劳动力也创造了价值。以纯粹的商业劳动为例，商业劳动力可以创造使用价值，又可以创造新的价值，这是劳动二重性作用的必然结果。通过这种方式，商品的总价值包括工人在生产领域中创造的价值以及工人在流通领域中创造的价值。另一个比较典型的例子就是以直接消费为目的的服务活动，包括满足个人物质、文化和精神需求的所有服务，如住宿服务、旅游、文化艺术、广播和电视等，同样可以创造使用价值和价值。劳动力在服务过程中通过改变劳务形式，产生新的能力创造使用价值和价值，如教师和医生的服务劳动，这些服务劳动创造了使用价值和价值，其价值可以加到劳动力的生产成本中，即劳动力价值上。从事金融业务活动的劳动力也可以创造使用价值和价值。

四是有用劳动创造价值的观点。这种观点认为，将马克思的劳动价值论归结为生产性劳动价值论是不正确的。将生产劳动归因于物质资料的生产也是不科学的。在商品社会中，创造社会使用价值的所有有用劳动力都是创造价值的劳动。因此，判断服务业劳动力是否创造价值的标准是看它是否为社会创造价值。根据这一标准，服务业的大部分劳动力都具有为社会创造使用价值的意义，都是创造价值的劳动。

五是认为商品的价值是历史范畴，而不是永恒范畴的观点。创造商品价值的劳动与商品的生产密切相关，它不一定与产业分工有关，确定某种类型的劳动力是否能创造价值，未必与其所处的产业或部门有关，也不能完全基于其在国民经济中的地位和作用，而是它是否用于生产商品的抽象劳动。根据该标准，服务业既有创造价值的劳动，也有不创造价值的劳动，需要进行具体分析。

在早期，西方经济学界就服务问题进行了大量辩论。在悠久的经济学发展脉络中，人们甚至不习惯将服务当作纯粹的经济范畴进行分析。这个传统似乎与亚当·斯密有一些联系。亚当·斯密认为，工业和商业是生产性产业。他说："制造业工人的劳动，可以固定并且实现在特殊商品或可卖品上，可以经历一些时候，不会随生随灭……反之，家仆的劳动却不固定亦不实现在特殊物品或可卖品上。家仆的劳动，随生随灭，要把它的价值保存起来，供日后雇用等量劳动之用是很困难的。"他列出的各种职业，如牧师、律师、演员、歌手、舞蹈家等都是现今归为服务业的行业。我们可以在过去的西方经典经济理论中找到许多类似的观点，即"服务不创造价值，是非生产性活动"。

约翰·希克斯参与制作人们直接制作的各种服务（如家庭佣人的劳动，音乐家的歌唱等）。他认为，亚当·斯密基于商品为中心进行的生产定义是由于在农场或工厂生产商品后直接送到家庭进而消费仍有时间和空间距离，这种距离不可忽视。然而，人类的直接服务是同时提供服务和消费（需求），不存在距离问题，亚当·密斯没有注意到这一点。然而，希克斯仍然认为亚当·斯密定义为非生产性的劳动力，已经做了有用的工作，应该相应地支付报酬，所以他们可以被视为生产者。通过这种方式，生产的定义已经从农业社会转移到工业社会，从价值到"效用"，概念已经扩大。生产的定义是基于它所造成的经济基础的变化，这种思维方式转变的背后是经济发展的过程，从农业社会向工业社会转变，又走向服务社会的经济发展过程。

西方服务经济理论也非常关注服务劳动是否创造产品的问题，以及服务工人是纯粹的消费者，还是既是生产者又是消费者的问题。当资本主义经济日渐成熟，垄断资本主义开始取代自由竞争资本主义时，现有的西方经济理论开始面临挑战。西方经济学开始改变内部意识形态、表现形式和行动方向。在19世纪70年代早期，英国的杰文斯、奥地利的门格尔和法国的瓦尔拉几乎同时提出了边际效用递减的原则。后来，边际学派变得更加强大，基于经典学派和边际学派理论，马歇尔系统地整合了相关理论内容并创建了新学派。在这种情况下，服务经济学价值理论基础的变化使人们对服务劳动的成果形式及其运动规律有了新的认识，服务经济已被纳入整个国民经济中进行审查。人们不再仅从劳动性质的角度来考察服务经济的具体功能，而是从国民收入分配、国民经济核算和产业结构变化等多个角度分析服务经济。同时，人们也关注服务经济中各个行业的生产过程、经济效益和收入分配过程的特点。

法国经济学家萨伊展开了对服务商品和效用的相关论证，其观点集中在他的代表作《政治经济学概论》一书中。他认为，人们所提供的商品的价值是通过商品的使用而产生的。所谓的生产不是物质的创造，而是效用的创造。至于交换，他认为，当一个人向别人出售商品时，实际上相当于向人们出售这种商品的效用。萨伊的主观效用价值理论实际上是对服务劳动属于生产劳动的肯定，否定了亚当·斯密的观点。萨伊指出，医生的诊断意见是换取了构成他收入的医疗费用，但医生的诊断意见是生产行为，而听从诊断则是消费行为，生产和消费正在发生就是所谓的无形产品。显然，萨伊统称服务劳动为无形产品，其观点在很大程度上影响了之后的经济学界。西方国民经济核算中将产品分为两部分：一是有形产品，二是无形产品，这种分类方式就源于萨伊的观点。

在20世纪70年代后期，服务业的发展迫使学术界开始重视对服务的相关研究。"什么是服务"已成为学者讨论的首要问题之一，他们渴望找到合适的服务定义，以便他们能够在此基础上进行更广泛的研究。正是在这种背景下，希尔在1977年发表的论著中提出了一个广义的定义。他指出，服务生产活动是指生产者的活动改善其他经济单位状况的活动，这种改进既可以采取商品的形式，也可以是消费者单位拥有的某些商品的重大变化。此外，改善也可能与一个人或一群人的身体或精神状态有关。在任何一种情况下，服务生产的显著特征是生产者不会增加他本人或商品的价值，而是对他人或其他商品增加价值。可以看出，希尔对服务的解释来自服务生产的角度。希尔的观点掌握了服务的本质，并强调服务生产和服务产品之间的差异，而在以前的分析中经常忽略这

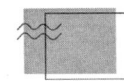

一点，其中服务产品是个人或商品状态的变化，不应与服务生产相混淆。然而，希尔的定义并不适合理论研究，因为他的定义过于抽象，理论上很难对抽象事物进行具体的经济分析。

20世纪80年代中后期，西方发达国家的服务业占比普遍超过经济总量的60%，呈现出持续增长的态势，引起了理论界的广泛关注。因此，服务理论的学术文献在这一时期尤为丰富，随着对服务理论研究的不断深化，围绕服务理论展开的争论也很激烈。从本质上讲，这一理论论证仍然是古典经济学家在新经济形势下关于服务的生产性和非生产性问题的延续。西方经济学家对服务问题的研究与服务业在不同时期的地位和作用密不可分，对于他们的许多理论观点，我们应该学习马克思主义的指导，吸收有用的东西，使之发展社会主义服务经济理论。

三、现代服务业的产业布局理论

许多经典理论如马歇尔理论、韦伯集聚理论、增长极理论、中心区位理论、地租理论和聚合理论等对产业布局等进行深入研究。这些经典理论的推导可以在很大程度上解释现代服务业发展中的诸多现象，然而，在分析了这些经典理论后，我们不难发现产业布局研究的基础是对产业发展要素的分析。因此，我们可以从要素禀赋即要素富裕度的角度研究现代服务业的布局规律。产业布局通常包括两类要素：一是固有要素，也可称为先天要素，包括环境要素、人力要素和地理要素；二是可获得要素，即后天要素，包括基础设施、技术条件和市场环境等。然而，现代服务业不同于一般加工制造业，它更多地依赖后天可获得的元素和固有要素中的人为因素。由于资本、技术、人才等人文社会资源是现代服务业发展的关键战略因素，地区人文社会资源的丰富程度在很大程度上决定了现代服务业的战略定位和区域分工。

四、不同视角下的现代服务业

从宏观角度出发,以现代服务业为研究对象,可将现代服务业作为一个整体产业,研究影响现代服务业发展的关键因素,并在此基础上提出相应的建议,包括政策建议。有学者从服务业与制造业的互动关系中研究现代服务业的发展模式;也有学者从交易成本理论的角度出发分析中国商品流通体制变迁的制度动态,指出制度变迁是现代服务业兴起和发展的基础,同时为现代服务业的发展提出了新的途径,通过制造或服务外包,扩大专业分工和形成供应链。制度环境和政策环境在现代服务业发展中起到非常重要的作用,但没有讨论这些制度环境和政策环境的具体内容。夏善晨(2009)运用应用系统动力学理论研究现代服务业的发展。他将现代服务业作为一个系统进行研究,将其分为研究、规划和执行三个子系统,并提出加强创意产业的建设,在创意、技术、产品和市场的有机结合基础上建立完善的工业体系。孙永波、于清(2009)认为,与发达国家相比,中国现代服务业存在以下问题:现代服务业内部结构不合理,生产性服务业和消费者服务业结构不合理,效率低下;技术进步创新不足,通常基于传统的劳动密集型产业,人力资本投资减缓;进入和垄断的政策壁垒高,属于垄断市场结构,导致服务供应不足,价格高企,抑制了需求;市场标准化程度低,竞争秩序混乱,企业信用差,供应商和消费者之间的服务质量信息严重不对称,它需要在不断博弈中来确定服务质量。因此,现代服务业的发展对市场环境的依赖性很强,高素质人才短缺,根据这些现状,政府应在树立正确的现代服务业发展理念、加强现代服务业的战略引导、规范服务企业的市场行为、加强基础设施建设、培养高素质人才等方面努力提升,以促进现代服务业的发展。

从中观角度看,现代服务业仍然是一个产业,但它是以"一定区域"的现代服务业为研究对象，结合区域服务业发展现状，分析影响其发展的制约因素，并提出相关的政策建议。代表性研究有曲波远（2010）的《大连现代服务业发展现状及对策研究》，楚建德、崔建华（2010）的《广东现代服务业发展的辩证思考》，何传添、郭好杰（2010）的《广东现代服务业发展现状与路径》，王学（2010）的《贵阳市发展现代服务业的战略思路》，杨洵、金梅（2009）的《甘肃省现代服务业集聚水平的实证分析》，郑才林、李世新、张耀谋（2009）的《海南省发展现代服务业的路径选择》，翟青（2007）的《北京市现代服务业发展的国际竞争力研究》，朱彩青（2006）的《安徽省现代服务业的现状及发展对策研究》等。这些研究基本涵盖了中国大部分地区的现代服务业发展情况，主要结合了某一特定区域现代服务业发展的现状，分析了可能存在的问题，并提出了相关的政策建议。然而，在整理文献后，我们可以发现这些文章提出的政策建议基本相同，我们没有根据区域发展现状和区域优势提出有针对性的政策建议。

五、现代服务业发展理论

（一）比较优势理论

比较优势理论是由大卫·李嘉图提出来的，它是国际贸易理论的基础和核心。国家间由于存在经济发展水平、生产技术、自然资源等方面的差异性，则相对成本的不同将导致不同国家具有其自身的相对优势和劣势，也称比较优势和比较劣势。该理论的主要内容是一个国家应该出口密集使用其比较优势的产品，进口密集使用其比较劣势的产品，则该国可以在竞争以及国际贸易中获利。

李嘉图的比较优势理论表明，不仅是在商品的生产上具有绝对优势的国家可以在国际贸易中获利，而且那些没有绝对优势但是具有比较优势的国家也可以从国际贸易中受益，当然这个理论的发生条件主要是在经济发展水平具有差异的国家之间开展贸易的时候适用。发达国家之间或发展中国家之间往往绝对优势理论也可以成立。另外，国际贸易带来的经济利益将通过一系列动态转换过程传递到该国其他经济部门，这将推动整个国民经济的整体增长。

国际贸易促进经济增长理论也适用于国际服务贸易。世界经济正在经历产业结构的转型升级和信息技术的快速发展。全球服务水平不断提高，逐渐形成了一个完整的网络系统，服务业已成为国际产业转移的新核心。随着服务业尤其是现代服务业的快速发展，跨境投资规模继续扩大，离岸服务外包业务正在迅速发展，服务贸易总额也持续增长。全球经济增长在服务贸易中的作用越来越明显。从供给角度看，服务贸易应通过技术溢出效应、人力资本积累效应和制度创新效应来促进要素积累和全要素生产率的提高，从而促进经济增长；从需求的角度看，服务贸易主要通过促进商品投资和相关商品及服务的出口来促进经济增长。

（二）成本病理论

为了应对服务业在经济增长中的作用，美国经济学家威廉·鲍莫尔于1967年提出了成本病理论，解释了服务业发展过程中出现的现象。他建立了"进步部门"和"停滞部门"两部门的宏观经济增长模式。假设在两部门经济中，根据生产增长率的不同，把制造业看作"进步部门"，服务业由于生产率增长速度低于制造业，被看作"停滞部门"，劳动力是唯一的生产投入要素，且劳动力具有统一性，不同部门的劳动报酬是相同的，名义工资与平均劳动生产率一致。可以得出，进步部门即制造业的相对快速增长将导致停滞部门即服务业的相对成本增加。服务业在国民经济中的比重上升后，制造业的生产率增长很快，服务业的生产萎缩缓慢，这将导致服务业的工资趋于制造业的工资部门，这反过来又导致服务业的成本增加,这就是鲍莫尔成本病理论的主要内容。如果对服务业产出的需求具有价格弹性,这将导致服务业的产出可能为零,如果对服务业产出的需求缺乏价格弹性,则制造业的劳动力可能全部转移到服务业,那么整体经济增长率将会越来越慢。最终将导致经济停滞不前。该假说主要提出的观点是服务业如果发展越快,则整个社会的经济增长率就会越低。

(三) 产业结构演变理论

最具代表性的服务业和就业相关理论是配第—克拉克定理。该定理可以表示为"随着全社会人均国民收入水平的提高,就业人口将首先从第一产业转向第二产业,当人均国民收入水平进一步提高时,就业人口将大量转移到第三产业"。第三产业的就业比例增加不仅是社会吸收剩余劳动力的需要,也是先进生产力发展的必然要求。经济结构随着产业结构的变化、城市化进程不断深化,农业就业比例在该进程中持续下降,劳动力不断从农业部门转向非农业部门,从低工资部门转向高工资部门,随着人们收入的不断增加,贫困日益减少。

库兹涅茨在克拉克的研究成果基础上进一步研究了产业结构的演变,他阐明了劳动力分配结构和行业间国民收入演变的总趋势,他认为,农业部门实现的国民收入在整个国民收入中的比重在不断下降,农业劳动力在劳动力总量中的权重也在降低;工业部门国民收入的相对比例普遍上升,但是工业部门劳动力的相对比例基本保持不变或略有增加;服务业劳动力的相对比例几乎在所有国家都有所上升,但服务业国民收入并不一定与劳动力上升的比例同步。

第二章　经济服务化背景下现代服务业发展分析

第一节　经济服务化背景分析

全球经济已经笼罩在经济服务化的大背景下,全球制造链中存在的高度路径依赖和全球服务链中面临的巨大"瀑布效应"(由于外部压力而导致快速扩张或发展),使产业升级和经济转型缺乏内在动力。我国现代服务业明显滞后于世界服务业的发展,近年来,随着整体经济的加速下行,现代服务业重要性凸显,正在本轮经济调整中呈现出日益重要的资本承接功能,从而也担负着一定的产业结构调整与经济社会发展模式创新的任务。经济服务化是经济发展到工业化高度发展的阶段后产业结构发生转型出现的一种状态,此时服务业在产业结构中的份额超过了工业的份额,成为经济活动的中心,因此,经济服务化也被称为第三产业化。随着产业规模和产业结构的更新,包括资本、技术和劳动力在内的各种生产要素必然经过从农业流向制造业,再流向服务业的过程。当服务业的扩展达到一定的规模和范围,即该国服务业的产品成本与国民生产总值的比率和就业人口的比例超过50%并继续增加时,则表明该国已进入经济服务化阶段。

经济服务化已成为经济全球化的一个突出特点，无论是人们谈论知识经济还是服务经济、软经济、信息经济、网络经济等，都体现了服务型经济对生活变革的意义，这对人类的快速发展阶段既是必然出现的结果，也是整个社会生产力提高的必然结果。从国民生产总值的比例来看，美国是第一个出现经济服务化的国家，它在20世纪60年代时服务业就业人口的收入占国民生产总值的比重已超过60%。1994年，该指标高达69%，接着依次是法国（67%）、英国（62%）、德国（59%）和日本（56%），这表明第三产业即服务业，在这些国家的经济发展中占有非常重要的地位。截至20世纪80年代末，不仅发达国家普遍经历了经济服务化的趋势，而且发展中国家服务业的比重也呈现持续上升趋势。根据世界银行的估计，一些中等收入国家占服务业就业人口总数的50%以上，许多国家1/3的劳动力集中在服务业。这表明各国服务贸易的快速增长与第三产业的发展密不可分。经济发展的历史经验告诉我们，随着产业规模和结构的升级，各种生产要素，包括资金、技术和劳动力，将不可避免地从农业向制造业转变为向服务业发展，服务的扩展已达到一定规模和程度。也就是说，一个国家的服务业产值与国民生产总值的比率和就业人口的比例超过50%并且继续增加，表明该国已进入经济服务化阶段。

一、经济服务化的含义

经济服务化主要包括生产的软化、服务的产业化、生产的服务化、服务的国际化四个角度。

生产的软化中"软化"的概念来自电子计算机中的硬件和软件的概念。人们通常将各种机器和设备的投资称为硬件，技术、信息和知识的输入称为软件。生产的软化是指投资于生产过程的服务组件或软件组件的比例增加，这促使人们更加关注生产过程中的技术、信息和知识的价值。一旦应用这些价值，生产率将比材料资源产生更大的价值，从而促进生产过程的软化,现在许多公司普遍关注软件投资,这是生产软化的反映之一。

服务业的产业化是经济服务化外化的表现之一,许多辅助性的劳动逐步独立化、社会化和产业化,而这些辅助劳动在原有社会分工的影响下往往无法脱离生产过程,随着产业结构以及生产力进程的优化逐步分离出来。

生产的服务化是生产过程中的服务行为日益明显,它是价值创造的主要来源之一。服务生产和工农业生产总是在互动和依赖的过程中进行,其中的服务组成构成了商业和生产系统的最核心部分。例如,在大数据时代背景下,大数据后期的维护远远超过了平台本身建设的成本。

服务的国际化是随着货物贸易的自由化、国际投资的自由化以及跨国公司经济活动的普遍化,全球化的分工更加系统化和专业化。服务贸易的发展水平日益成为衡量贸易实力的最主要标准。目前贸易最强国是美国,虽然每年的商品贸易逆差接近1000亿美元,但服务贸易却有数百亿美元的盈余。服务贸易在弥补货物赤字的过程中,优点极为明显,一方面节省了资源,另一方面还有利于绿色发展。

在经济服务化过程中,产业结构在新科技革命的推动下不断得到提升,产业重心逐步转向服务业,导致世界产业结构大规模调整。在此发展背景下,服务业的发展变得越来越专业化,规模也在不断扩大。目前,美国、日本、欧盟等发达资本主义国家和地区已经实现了经济结构的服务化转型,并首先获得了服务发展带来的收益。目前,美国3/4的劳动力和日本近2/3的劳动力都在从事服务业。据统计,发达国家中服务业发展排名靠前的国家,国民生产总值中第三产业的产值已超过60%,有的国家该比值甚至已超过70%。从工业经济向服务经济的转变和服务业的专业化发展已经越来越普遍且规模日益庞大,为服务业的发展提供了广阔的空间,许多新兴服务业的发展对经济增长的贡献和影响要远远大于制造业,其收益更为广泛,受众面更广。在美国经济发展过程中,服务业中的金融业发展已经占其国民生产总值的25%以上,可以看出服务业在美国经济发展中不容忽视。20世纪70年代,日本受中东石油危机的严重打击,整个国民经济都呈现下滑趋势,但是,由于此期间日本服务业发展的优越条件,使日本迅速摆脱了生产停滞的困境。可以说,服务业的发展是推动日本经济走出困境的主要因素。

二、经济服务化的特征

一是已形成服务型经济。经济服务化发展的结果是形成以服务业为主要经济活动类型的服务型经济。服务经济与产品经济之间的区别在于服务经济的主要经济部门是提供各种服务的部门,而不是制造和加工产品的部门;服务经济的主要产品是大规模的服务,而不是提供大量的产品;服务型经济中的大部分劳动力都集中在服务业,制造业和加工业不再是密集劳动力的经济部门;服务经济的大部分产值是由服务业而不是商品生产部门创造的。上述内容说明了服务活动在服务经济中的主要作用。目前,服务业在服务型经济中具有非常重要的经济和社会功能,已经发展成为经济增长的引擎,不断推动传统产业进入新发展阶段,是推动产业体系全面升级的重要推动力。

二是产业结构服务化。服务业的大规模发展导致了三大产业结构的转变。服务业在经济体制中的地位不断提升,已经发展成为产业结构的主体。据世界银行统计,无论是GDP的产业构成还是国家的就业构成情况,服务业已成为发达国家中排名第一位的经济部门,经济服务的趋势也已开始向工业化水平较高的中等发展水平的发达国家和地区普及,在中等收入国家的产业结构中,服务业逐渐占据主导地位。

三是生产行业的服务化。在生产力不断发展的过程中,工业和其他生产行业(非服务行业)内部服务活动的发展和重要性发生了变化,这些变化改变了相关行业的最初生产特点,形成了新的生产服务体系,在生产行业的服务化趋势中,服务活动已经深入经济领域的各个方面。

三、经济服务化发展的原因与背景

关于经济服务化何时真正开始出现以及何时发展成熟的问题,有各种各样的讨论,较为常见的说法为经济服务化的发展始于日本经济服务化的发展。从 20 世纪 70 年代到 21 世纪初,日本的服务增加值(GDP)、就业人口以及产业结构占比得到了充分扩展。所谓的经济服务化发展,就是意味着服务业的比例上升,占 GDP 总量的 50%以上,与此同时销售额和就业人数都在持续增加。服务业产出和就业人数增长的主要原因来自服务需求的增加以及自身的低投资和低成本因素。

从劳动力的就业情况角度看,我们参考服务业的变化和就业中的人口数量指标的发展情况分析,数据显示,2001 年起,各国服务业就业人口总数显著增加和上升,服务业就业率占社会总就业人数比值也不断加大,无论是个人服务业、生产性服务业还是公共服务业就业人数均呈倍数增长。从服务业的营业额角度分析,以日本服务业的发展为经济服务化发展的源头,日本服务业发展飞快,其生产性服务业在 20 世纪 60 年代迅速增长,形成了高水平的清洁业、租赁行业、安防行业、情报服务等行业。在 20 世纪 70 年代,公共服务业也开始迅速增加,随着当时的石油危机发展起来的有外包行业和教育行业以及医疗健康业,相应的服务性部门也日益专业化发展。但 20 世纪 90 年代以来,由于长期的经济衰退,人口老龄化甚至超老龄化的出现,导致日本的服务经济发展出现了停滞不前的状态。生产性服务的出现是老龄化进程带来的公共服务不断满足人们日益增长的需求的结果。生活相关服务业主要以洗衣店、美发美容店、摄影业、婚庆礼仪业、殡葬业等与生活息息相关的服务为主。同时生活服务业也有以住宿业、游戏业、体育行业为代表的新兴服务产业。随着私家车的保有量越来越多,在汽车服务业发展的同时,汽车相关的广告业、信息服务调查业、汽车租赁业、汽车维修行业等相关服务业也快速增长并迅速发展。当时服务业中发展最快的是软件服务行业和商品租赁行业,服务业的新增长领域也与智力密切相关。在 20 世纪 90 年代,随着老龄化和少子化的出现,医疗保健业和社会保障的增长超过了教育服务业的发展。

服务业增长最快的领域是生产性服务业,服务业的外包需求和非服务业供给的不断增加支持了生产性服务业的快速发展。服务外包的主要原因中"经济原因"是资本和劳动力的节约,"技术原因"是内部无法完成的先进服务的提供,"劳动管理原因"是不同职业种类需要分别外包。由经济原因引起的外包主要是基于劳务型的服务,技术原因引起的外包是高科技资格所要求的服务,劳动管理原因引起的外包则主要是保安以及建筑清洁等。生产性服务业的发展就是基于服务外包和外部服务购入的发展而带动起来的。生产性服务的用户主要来自制造业和商业,与金融保险业和国家行政机构的情报服务交易较多,房屋综合管理与公共服务的联系更紧密。土木工程服务主要提供给建筑和房地产业,情报信息服务与展览会展之间也有很多服务业需求。此外,服务业务的外包(增加对外部服务的使用)也导致了专业功能和服务行业功能向生产性服务的转移。

生产性服务业就业的劳动力集中在建筑技术业、土木工程技术业、情报信息业、安防业、清洁业等,可以看出服务业对人才的需求主要是从人才的使用价值即功能性出发,而随着国内劳动力无法满足相应需求或人民生活水平的提高,提供低端服务业人群的减少,导致出现了土木建筑服务业、软件业、安防业、住房综合管理业、机械设计业和其他生产性服务业的外包。此外,非服务业发展规模日益扩大也为停滞不前的日本服务业的发展做出了贡献和有效的支撑,除了广播电视和广告业等中小型服务业公司长期存在，20世纪60年代后半期起，日本市场的扩张以及跨国公司外包业务的发展促进了日本非服务资本的进入，快速发展的领域主要有与大型企业集团相关的服务业，服务业的扩张和大资本的增强相互融合、共同发展。

四、中国的经济服务化新常态

改革开放以来，中国已从一个农业大国发展成为工业强国。在实现快速经济结构调整的同时，它也面临着"大而不强"的工业发展怪圈，并且处于全球价值链分工的低端。如何改变这种状况，顺应全球经济服务的发展趋势，推动中国经济服务新一轮结构转型，是中国长期面临的新挑战和新任务。

(一) 服务业在经济中的比重越来越高

党的十八大报告指出"经济发展应更多依靠现代服务业的带动"，强调"加快传统产业转型升级，推动服务业特别是现代服务业的发展壮大"。2014年，国务院颁布了"关于加快发展生产性服务业促进产业结构调整升级的指导意见"，这标志着我国经济转型升级又迈出了重要一步，经济和产业发展正在进入一个"新常态"时期。2013年，中国第三产业比重首次超过第二产业，第三产业增长率不断提升并快于工业增长率，其在GDP中的比重不断增加。特别是东部沿海地区的许多地区基本完成了工业化，需要走向后工业化阶段，形成以服务经济为主导的经济结构。

近年来，传统的制造业价值链不断扩大和扩展，其覆盖范围逐渐从制造业扩展到服务业。制造业和服务业之间的界限越来越模糊，制造业和服务业逐渐融合。生产和运营活动越来越多地纳入基于全球价值链的全球生产服务系统。服务业在企业生产价值和利润中的比重越来越高，

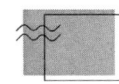

全球产业结构呈现出"工业经济"向"服务经济"较变的新趋势。

(二) 生产性服务业的发展迫在眉睫

中国在全球制造链中的高度依赖性和全球服务链中的巨大"瀑布效应"(由于外部压力导致快速扩张或发展)使中国的产业升级和经济转型缺乏内在动力。因此,中国生产性服务业发展面临的形势比"服务"发达国家经济的过程更加困难和复杂。

从服务业发展规律来看,目前的服务业占世界经济总量的70%,主要发达经济体的服务业约占80%,服务出口占世界贸易出口的20%。中国作为世界第二大经济体,其制造业产出在2012年超过世界总产量的20%,成为世界上最大的制造业国,但是,中国制造业的形势是"大而不强"。中国制造业的增加值远远低于发达国家的水平。中国制造业的增值能耗很高,在许多行业中,仍存在"悲惨"和贫困增长的现象,中国参与全球国际分工,低成本劳动力优势增加了最初发展阶段低技术生产服务的出口密度,迫使中国虽然低端劳动力的"数量"增加,但是"质量"却堪忧,因此,在全球价值链中的盈利能力一直在萎缩。同时,由于中国生产性服务业的发展相对滞后,有必要通过从外部引进先进国家的技术密集型服务来满足中国对高端生产性服务要素日益增长的需求。目前,发达国家生产性服务业的总增加值占所有服务业增加值的一半以上,从全球生产供应链布局的角度看,跨国公司在全球范围内实施优化的生产布局,将产业链延伸到各个角落,这使发展中国家的许多制造企业在跨国公司的整体运作中构成了一个相对封闭的单一环节,产品线和产业链不够充分。从长远来看,中国的生产性服务业在发达国家的技术和市场锁定中处于锁定状态,利润锁定的多重压力对出口技术结构的改善非常不利。

从"中国制造"到"中国智造"的过程,主要核心问题就是加快生产性服务业的发展，大力推动制造业发展进程中的工业化和信息化的深度整合，促进制造业的智能化发展。我们必须高度重视大数据产业的发展，认真对待核心智能制造技术的布局，进一步整合研发资源，构建产学研合作体系，突破一批核心技术和关键技术，如加工流程、设备系统技术、管理技术，信息集成和服务集成等，大力培育生产性服务业，同时，要积极鼓励各种综合服务平台的发展，支持第三方供应链和跨境电子商务平台的发展，大力提升中国产业在全球价值链服务中的竞争优势。

（三）国际服务业转移的广度与深度不断扩大

2008年全球金融危机后，国际服务业转移的广度和深度不断扩大。在新一轮的世界产业结构调整中，制造业和服务业的"双转移"趋势越来越明显。当前，服务业中间投入已经占制造业中间投入成本的70%左右，生产性服务有效需求的近70%来自第三产业。特别是随着跨国公司全球生产网络的布局，企业内部分工和产品内部分工的特点越来越突出，导致了离岸服务业的兴起。2012年起全球服务外包市场规模不断变大，增速明显。美国生产者服务业的大规模扩张是在20世纪80年代和90年代。1980年以来，美国经济中的生产性服务业不断发展壮大，一半以上的行业增加了对生产性服务的购买作为中间投入，其中最大的增长是计算机和电子产品。在新一轮跨国公司的产业调整中，资本向服务业转移的趋势越来越明显。美国的"再工业化"趋势，德国的"工业4.0"和"联网工厂"战略，以及日本和韩国制造业的转型并不是简单的传统制造业的回归，而是生产模式的创新和生产效率。新兴产业的发展特别是信息技术进入了一个新的发展时代，云计算、大数据、虚拟现实、移动互联网、物联网等技术的突破，使信息技术的应用模式发生了深刻的变化。智能制造技术已经取得了积极进展，如3D打印、智能机器人和人工智能等。

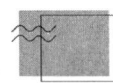

第二节 现代服务业的影响因素

现代服务业的影响因素包括外部环境的影响、产业系统自身的内部影响以及驱动因素。

一、外部影响因素

根据现代服务业的定义和现代服务业的对外关系,可以看出现代服务业与其他产业,尤其是制造业之间存在着强烈的互动关系。经济发展状况也将对现代服务业的发展产生相应的拉动作用,其影响主要体现在以下三个方面:

一是现代服务业的外部环境影响因素包括与其他行业,特别是制造业的共生关系。现代服务业是以生产服务业为核心的产业体系。它与制造业之间的共生关系决定了它在工业系统发展过程中将受到制造业的极大影响。除经济因素外,现代服务业的外部环境影响因素也体现在现代服务业发展的政策环境中,产业体系的演变受到产业政策环境的影响,国家政策的作用对现代服务业的发展起着指导作用。这种指导作用主要通过货币政策和财政政策来实现。它反映在行业的投资和消费指导中,支持和鼓励的政策体现在刺激现代服务业投资和刺激消费需求增长的能力上,为促进现代服务业的发展,具有制约因素和规范意义的政策将抑制投资,延缓或减少消费需求,从而制约现代服务业的发展。

二是经济的发展决定了推动现代服务业的动力。国民生产总值的增长将推动现代服务业增加值的变化,这将对现代服务业的发展产生拉动作用。现代服务业的发展与经济增长之间存在一定的因果关系,即国民经济发展的整体实力将对现代服务业的发展产生一定的影响。

三是经济发展将引致对现代服务业的持续强劲需求。随着经济的发展，人们的收入水平得到了很大提高，根据经济学基本理论的分析以及马斯洛需求层次的判断，用于满足日常生活需求的支出将随着收入水平的提高而增加，但这种增加的增长率远远小于收入增长率。此时，除日常生活所需的支出外，人们手中的一次性消费支出将大幅增加。伴随着收入和生活水平的不断提升，人们对高端服务产品的消费需求已经开始增加，这必然刺激现代服务业的发展。另外，随着金融市场的开放，金融产品的丰富性和完善性，人们对可支配收入的处理不再局限于简单的消费和储存，而是增加了对新的理财产品的需求。单向转变进一步增加了对金融服务等现代服务业服务产品的需求，进一步推动了现代服务业的发展。

总之，现代服务业的外部影响因素可以从以下几个角度考量：①国民经济总量，考虑到人口总量对国民经济总量的影响，一般常采用人均国内生产总值来表示；②市场需求状况，由收入水平决定消费的方面来考量，常采用人均可支配收入、人均可支配消费性支出等指标来表示；③制造业产业的产值，用工业产值指标来表示制造业对现代服务业的产业方面的影响；④政策环境影响因素，则可以采用政府财政支出等指标来衡量。

二、内部影响因素

任何产业体系的发展都与产业本身的相关要素密切相关。产业和企业发展进程中都有各种投入因素，这取决于自身产出成本与收入之间的关系。只有当行业在其发展过程中获利时，产业系统才能在市场中生存和发展。因此，现代服务业的内部影响因素可以作为其自身投入因素的相关指标。

一是劳动力指标。由于现代服务业是多个产业部门的集合，而这些产业部门具有很强的异质性，现代服务业的影响因素分析更多的是来自各个分支行业。服务业是一个生产无形产品的行业，更需要考虑同质性的要素。服务产品的生产者和承运人都是劳动力，可以认为现代服务业最重要的输入因素就是劳动力，在现代服务业中，产业部门的大多数分支都是由具有专业技能和知识的工人生产的。现代服务业的技术密集型和知识密集型性质的区别不是在设备和工具上，而是体现在劳动力方面，技术和知识的所有者是劳动力，使用和生产者也是劳动力本身。在一些服务业部门，服务产品的含义和价值也反映在劳动力中。以咨询服务行业为例，其产品是相关的专业和服务的体现，这些服务的专业性体现在现代服务业的从业者身上，他们是专业知识和技术的所有者，服务过程要求他们为承运人和提供者实施产品交易，其自身专业知识或技术水平也直接影响服务产品的价值。因此，劳动力是现代服务业最重要的投入因素。

二是资本要素。资本要素主要反映在固定资产的投资上。需要注意的是，现代服务业的不同分支部门对投资的依赖程度不尽相同。对于交通运输业，特别是现代物流业，除劳动力外，运输网络的建设需要大量的固定资产投资。甚至比例也高于劳动力的比例，而对于管理咨询和会计服务等商业服务业来说，固定资产投资仅占很小的一个比例，而劳动力才是主导因素。因此，从现代服务业来看，考虑到整个形势，整合各分支行业的地位，本章认为投资因素是现代服务业体系演变的内在因素，但它不是主要因素，它对现代服务业的影响小于劳动力因素的影响。

综上所述，现代服务业的内部影响因素包括劳动力资本两大因素，此外，由于劳动力工资水平可以反映现代服务业的成本，因此也有人把劳动力的工资水平看作现代服务业的内部影响因素之一。除上述因素外，由于现代服务业包含的范畴较广，且涉及的不同服务行业特点不同，因此内部影响因素也不一致。

三、驱动性因素

一是世界产业结构的转型升级。随着各个国家经济能力的提高,其产业结构也将逐步升级,进而从农业经济逐步转变为工业经济,然后从工业经济转向服务经济。20世纪60年代初,西方主要国家完成了自己的工业化进程,开始进入后工业化发展阶段,即国内经济重心转向服务业。各国经济增长带动的产业升级导致世界产业结构大规模调整。一方面,发达国家继续提升产业结构;另一方面,又将劳动密集型的传统基础产业转移到发展中国家,以利用丰富的人力资源和自然资源。在这一过程中形成的新的世界经济结构的不平衡导致对国际服务产生了更大的需求,这使全球贸易行业总体上进入快速增长时期。

二是国际货物贸易和国际投资的增长。在战后的半个世纪里,国际货物贸易的流动不断扩大,在货物贸易快速增长的情况下,与货物进出口直接相关的传统服务贸易项目,如运输服务、货物保险和国际结算,相应的规模和数量呈指数级增长。国际投资的快速扩张和对服务业的倾向不仅导致了国际货物贸易的增长,而且导致了国际服务贸易的快速增长。特别是作为要素服务项目的国际投资收益的快速扩张构成了海外服务贸易流量的扩大。

三是新技术革命的发展。高科技应用已广泛应用于各个行业,已将许多原有的"不可交易"服务转变为"可交易"服务。结果国际服务贸易的类型日益增加,范围逐步扩大。信息技术和通信技术的发展也使银行、保险和零售商能够在全球范围内开展业务,为跨境服务带来了便利。科技革命加速了劳动力和科技人员的国际流动,促进了专业科技人才和高级管理人才不断流向其他国家,国际服务贸易流动范围不断扩大。此外,随着科技产业的转移,劳动密集型产业开始向新兴工业化国家和发展中国家转移,使这些国家和地区能够利用该地区丰富廉价的劳动力资源，形成大规模的国内服务输出。

四是现代信息技术的使用。信息技术的迅速普及和广泛应用，不仅改变了物质生产部门的创新手段，而且极大地改变了商品生产本身的管理方式，甚至影响了传统的家庭消费模式。随着科学技术的不断进步，国家生产逐渐变得更大，更专业化。一方面，越来越多的劳务分工与生产活动分离，形成独立的专业活动；另一方面，传统服务业使用特定的媒介将专业服务人员的劳务转化成实物产品。这种双向互动分离过程与服务产品的分离，导致国民收入中服务和实物产品的构成发生变化。它还反映了专业化分工和规模经济的要求，以更好地发挥先进技术和科学管理的作用。因此，现代信息和通信技术的使用是促进全球服务贸易快速增长的根本原因。

五是世界经济一体化和社会生活的国际化。世界经济一体化的历史进程，随着跨国经济的快速扩张和对世界的直接投资，战后的国际贸易格局发生了翻天覆地的变化，出现了越来越多的资金实力雄厚、生产规模大、销售网络发达、具有全球经营战略的跨国公司，这些公司在国际经济生活中占有突出地位，业务涵盖货物贸易、海外投资、技术转让和服务贸易，在国际经济中发挥着越来越突出的核心作用。跨国公司的这种特殊性促使世界经济在生产国际化、资本国际化、社会生活国际化甚至私人消费国际化交互依存的发展关系中不断发展壮大，也就是说，它已成为全球经济一体化的客观载体。

第三节　国际现代服务业的发展

现代服务业是城市经济的支柱性产业。城市越大，用户群越大，服务业的商机越多，特别是日常接触频率较低的智能服务业和特色服务业，只有在大城市才能生存。因为城市规模越大，服务类别越齐全，配套设施越完善，分工越细致，在这种背景下功能明确的服务业才能有广阔的生存和发展空间。国际现代服务业发展进程中，欧洲中小城市的工业化进程很早就开始了，从农村到城市的劳动力转移大多来自中小城市的周边农村，这种转移过程从农业到纺织业再到机械工业，直到今天的信息产业和服务业，是一个长达数百年的漫长过程，工业化国家发展现代服务业首先需要的是效率，它需要在短时间内完成工业化国家经历数百年的道路转化，因此必须选择大城市的发展模式，加快工业化进程，工业化后的劳动力转移是一个飞跃。

一、国际现代服务业发展的特点

随着全球信息革命和技术的迅速发展，在知识经济和经济全球化发展的过程中，全球现代服务业有其独有的特征和发展趋势。

（一）基于信息技术的新兴服务业已成为现代服务业兴起的新增长点

随着信息技术被广泛使用，供应商的供应能力和产品开发能力持续改进。服务的内容技术含量日益提高，无论是基本的、高效的消费还是公共连锁服务，都会有大量的新兴服务。随着新兴服务内容的丰富和扩展，与原始服务部门分开，成为各个独立的服务部门，特别是依靠信息技术开发的电子商务、网络教育和信息服务以及低贷款、低建筑价值消费和高附加值的新兴服务业正在成为现代服务业新的发展方向。现代媒体的快速发展也带动了数字科学、动画、游戏产业等数字产业的发展，数字产业不仅是一个高附加值的产业，而且还可以促进各种增值采购服务的发展。

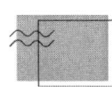

(二) 现代服务经济时代取代"服务经济"的传统发展期

随着社会分工的完善、产业结构的升级、科技的进步和国际化步伐的加快,产业发展过程中的产业结构一直处于不断调整和变化的状态。无论是从产出的角度还是从就业的角度来看,产业结构变迁的基本规则是:在经济结构调整中,农业的传统地位不断被打破,在工业持续增长之后,其发展逐步被服务业赶超,进入服务经济时代即从工业经济的发展过程转向"服务型经济"过程。传统服务业不断通过高新技术升级实现优化升级,基于新技术的现代服务业正在迅速崛起,出现了大量不同规模的现代服务业企业。全球产业的发展已经开始从"服务经济"的传统时期进入"现代服务经济"时代。

(三) 现代服务业在国际贸易和投资领域的地位提升

由发达国家经济增长推动的产业结构升级导致世界范围内产业结构的重大调整。调整后的世界经济结构不平稳,导致对国际服务的需求不断增大,而"互联网+"的发展从技术角度降低了企业所有权的控制成本和交易费用,从而放大了跨国企业发挥作用的范围,这导致现代服务业务在国际贸易和投资领域的地位显著提高。进入 21 世纪后,服务贸易一直在全球范围内增长。其科技含量和金融服务价值不断提高,由传统的劳动密集型服务贸易转向了知识技术密集型或资本密集型的现代服务业,从有形材料生产的支持到依赖无形的信息产品的服务(如信息处理、交付服务、国际咨询服务等)。随着世界服务业在世界产业结构中主导地位的形成,以及跨国公司的发展需要寻求新的竞争优势,全球直接投资热点从制造业过渡到服务业。金融、咨询、信息服务等现代服务产业的转移成为当今国际产业转移的趋势,在投资领域的地位显著提高。

第二章　经济服务化背景下现代服务业发展分析

（四）生产性服务业已成为现代服务业最重要的组成部分

在服务业范畴内，通信、金融、保险、物流、信息、采购、中介等生产性服务行业正在迅速发展，并且它们已经成为各个国家工业化进程中的支柱性产业，在工业技术和整体经济中占有越来越重要的地位。它们在世界经济和国际竞争中也具有重要影响力。当代信息技术和知识经济有力地促进了生产性服务业的发展，随着生产力水平的不断提高，工业、农业和国际贸易可持续发展的需求，信息技术的快速发展，知识、技术和规模经济的飞速发展将使生产性服务业保持强而有力的发展势头。

（五）制造业从生产性制造业向服务型制造业转变

生产性服务业为主体的现代服务业，在其成长和发展的过程中，不断与制造业融合，形成发展合力，具体来说，现代服务业中的信息服务、研发服务、电子商务服务、融资服务、技术支持服务、物流服务和生产活动的结合日益紧密，这种紧密结合反映了服务业和制造业之间的相互渗透，进一步提升了生产性制造业中的服务特质。制造公司也不再只关注商品的生产，而是关注产品的整个生命周期，包括市场研究、产品开发或改进、制造、销售、售后服务，以及产品的回收等。服务业在制造业价值中发挥着越来越重要的作用。制造业企业正在转变为一定意义上的服务型企业，呈现出服务型制造业的趋势。

（六）服务产品化已成为现代服务业发展的重要趋势

日渐完善的全球现代服务业分工带来更加专业化的服务环节，可以为目标客户提供更有效、更周到、更准确、更满意的服务（配套设备、辅助设备、显性服务以及隐性服务等）。现代服务业正朝着后端业务一体化(组织结构创新)、技术平台网络化(服务交付模式创新)、操作流程标准化(服务公关创新)的方向发展新的商务创新模式。前端运营的自助服务(服务运营系统的创新)逐步与技术创新融合,成为行业可持续发展的重要因素。目前已出现实用性强的网络技术平台,这种互联网的商业应用极大地改变了社会生产和生活,未来的商业模式将充分利用网络平台。电子商务本质上是以网络平台为技术手段的商业流通产业的产物。后台运营也出现整合化趋势。目前,市场规模不断扩大,客户需求水平不同,需求内容复杂多样,特别是对综合解决方案的需求显著增加。原有服务型企业很难满足客户的需求,或者即使满足了相关需求,但是付出的成本较高,因此有必要与其他服务型企业共同为客户提供服务,进而实现更高的经济效益,发挥范围经济效用。这种联盟发生在后台操作中,前台仍然只是一个向客户展示的企业,随着分工的深化和联盟的深化,这种对外合作逐渐加强,促进了企业的联盟化、集团化和规模化进程。新组建的联盟及集团在分工、专业化管理的基础上,有效整合上下游产业链,为客户提供全面服务,拓展盈利模式。先进的信息技术和管理理念使这种联盟更加容易,加快了企业运营的步伐。以全球最大的企业管理软件和协作业务解决方案供应商 SAP 为例,在为客户实施 ERP 的过程中,SAP 将与德勤、普华永道等专业咨询公司以及 IBM、HP 等 IT 服务公司共同组建一支实施团队,将世界知名的咨询公司、IT 应用程序集中在一起,结合 SAP 自己的 ERP 软件优势形成了庞大的 ERP 产业链,这种密切的协作最终反映在客户身上,为客户提供了一套高度集成的 ERP 解决方案。

　　由于服务业具有隐蔽性和异质性的特点,通常被认为是一个非标准化的行业。然而,在信息技术和先进管理理念的支持下,现代服务业采用了与行业类似的流线型运作方式,通过一系列标准化、程序化的内部管理和外部服务设计提供质量稳定可靠的服务,降低生产成本,越来越多的现代服务企业按照各种国际标准化组织制定的规范进行实际运作。随着市场规模的不断扩大和劳动力成本的不断提高,为每个客户提供一对一的服务已成为企业面临的难题。在信息技术的帮助下,现代服务业的各种规模的企业在提供标准化前端环境的基础上,逐步在平台运行中实现自助服务,通过使用自助服务,实现对客户差异化需求的针对性满足,这个逐步深化的过程也是现代服务业发展的成果之一。

(七)服务的科学性是现代服务业发展的方向

传统服务业经历了技术转型时期,现代服务行业是全球经济的一个有利可图的组成部分,但是目前还没有正式的科学方法推进对现代服务业理论的综合研究。传统的服务管理和服务营销主要基于意识和经验的累积,缺乏对服务有效性和风险的有效评估和预测,很难快速灵活地满足客户的差异化需求,并提出促进服务研究和创新的理论,缺乏基于信息技术的大量定制服务指导。要全面了解并引导现代服务业的发展,把服务业推向新的高度,需要涉及服务的科学性的探讨,科学探讨服务的目的是提高服务的生产力,改善服务质量、有效性、满意度和效用。服务科学是计算机科学、运筹学,管理科学和工程学的综合研究。服务科学研究的重点是服务系统,虽然学术界对服务科学的研究课题仍存在争议,但对服务的科学性探讨是现代服务业未来发展的方向。

(八)技术的不断创新促进了现代服务业的发展

服务业的技术创新总量不大,但在信息技术发展的基础上,现代服务业本身就在不断进行技术的创新。同时,它还充分利用了科技的飞速发展,寻求获得更大的竞争优势,主要表现在两个方面:一是现代服务业的研发投入大大增加,尽管现代服务业研发投资的规模较小,但是研发工作的投入力度在不断加强,各国的现代服务业发展均充分利用技应用的潜力，使服务业在具有更多技术优势的平台上发展。近年来，无论是发达国家还是发展中国家，现代服务业企业都在加大研发投入，寻求新的管理方法和更合理、更有效的服务方式。二是现代服务业持续应用新的技术创新成果从而促进行业新发展。为了获得更全面、更大的技术平台优势，现代服务业要不断扩大服务活动的广度和深度，提高服务质量，保证个性化和安全性，并努力寻求降低成本的方法。例如，现代金融业应该整合互联网、大数据、海量存储、数字签名，以应对各种信息技术的提高，确保业务运营的效率和安全性。目前，数据挖掘、P2P、智能借贷等技术正在成为现代服务业新的综合支撑平台，并不断拓展现代服务业的发展空间。

二、日本现代服务业发展情况

（一）日本服务业发展的进程分析

配第指出，劳动力由农业向工业和服务业转移是经济发展的必然趋势。先行工业化国家的服务业从19世纪末期开始快速发展，服务业无论是占GDP的比重还是在就业方面的份额都逐步赶超工业，成为在国民经济中占比第一的产业。

从20世纪50年代中期开始，日本经济逐步加快发展步伐，日本服务业发展走向正轨，日本的个人生活服务业比重增长，娱乐服务业比重降低，生产性服务业开始起步。由于此时日本经济短期处于高增长期，就业人数增加，收入大幅提高，尤其是由于城市人口日益增多、经营自由化政策的实施等，日本的个人服务业发展具备良好的市场环境和政策空间，服务业中最先发展起来的行业是旅馆业和洗理美容业。到1960年，日本每万人口中个人服务业机构达52.4个，从业人员有2019人。生产性服务业初期是从媒介生产流通和消费类信息广告业发展开始，

第二章 经济服务化背景下现代服务业发展分析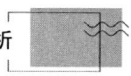

1960 年该类企业数量达到 4340 个，从业人员为 41274 人。

20 世纪 60 年代，日本经济进入高速增长的十年，个人生活服务业衰退，娱乐服务业与生产性服务业大幅度增长。此时在家庭消费中，黑白电视机、电冰箱以及洗衣机的普及率已达到 90% 以上，个人洗染业随着洗衣机的普及而收缩，缝补业伴随穿着时装化而过剩，彩色电视机和小汽车的普及率也达到 25% 左右，电视机的普及使电影业收缩了近 2/3 的市场。此阶段旅馆业和洗理美容业继续增长，停车场业、大厦管理业大幅增长，为顺应市场发展，企业取消原有的市场调查、广告宣传、法律以及维修部门，向社会购买相关服务，由此日本形成了与上述内容相关的生产性服务业，信息广告业机构大幅增多，转向事业服务机构的数量激增。发展到 20 世纪 70 年代，日本的个人服务业发展较为缓慢，生产性服务业进入高速发展阶段。在这一时期日本服务业在社会投资增加的情况下，服务业素质有所提高，但仍然落后于整体经济水平，工业发展速度缓慢，工业资本在服务业领域投资的主要方向是生产服务业和停车场业，大商业资本的投资方向主要是旅馆业和娱乐业，个人消费观念趋于高级化并加强了选择性，服务业总量虽缩小但品质却有所提高。这一时期个人生活服务业主要集中在个人授课业、殡葬业、照相业、汽车租赁业、美容业、体育及娱乐品租赁业等；生产性服务业发展的范围则主要是信息服务业、大厦管理服务业、广告业、商品检查业、设计业、生产用机械租赁业等。

20 世纪 70~90 年代，日本服务业出现了流通性服务业（主要集中在运输通信业）超过生产性服务业的情况，个人服务业的发展开始小幅下降，社会服务业的发展稳中有升。日本传统的批发零售业和餐饮旅馆业比重下降，以教育、医疗卫生、社会以及其他服务业为主的社会服务业比重开始不断加大。

作为全球制造业大国之一，日本在发达国家中进入服务型经济时代较晚。进入 21 世纪，日本三次产业结构变化较大，主要表现为第三产业比重大幅提高，第一产业的比重持续下降。具体来说，这一时期作为日本服务业发展主体的运输通信、金融保险等行业开始加速增长，在国民经济中的作用不断提升，逐步带动第三产业的加速发展。同时，以巨大产业规模为背景，在这一阶段，日本服务业发展具有代表性的是东京，作为日本的最大都市，其产业结构发展历程可以概括为"重化学工业—重工业—都市型工业—现代服务业"这一完整的脉络。千代田区、中央区和港区属于东京的传统区域，而千代田区则是东京乃至日本金融中心的主体，其金融服务业发展较快。发展至今，日本的服务业已形成以东京为主体、辐射性发展的格局，其服务业发展具有较强的网络化、集群化优势。

（二）日本服务业发展的影响因素分析

考虑到日本服务业的特殊性以及当前的全球经济服务化背景，针对日本的流通性服务业、生产性服务业、个人服务业以及社会服务业四大服务业类型，本章主要分析"流动性需求""工业化程度""居民消费水平"以及"政策与资金支持"四方面因素对日本服务业发展的影响。

1. 流动性需求

流动性需求对日本服务业中的流通性服务业影响较大，物流业和交通运输业是流通性服务业的重要内容之一。一个国家物流业的发展水平与程度，是评判该国服务业整体水平的主要因素之一。日本经济发展水平较高，国民对商品和服务的需求随着生活水平的不断提升，出现了在服务业领域的流动性需求由规模向层次的转化。由于制造业本身的发展也要求物流高效化，流通性服务业中的第三方物流企业会日益重视流动性需求，建设物流基地，以满足新的产业发展要求。流动性需求的旺盛导致日本物流和交通运输业的迅速发展、经济资源的配置日趋合理与高效,流通性服务业的发展能够带动和促进不同类型的企业之间形成效率高、结构合理的产业链条,进而也可以为日本服务业创造良好的外部环境效益,促使服务业集聚的范围不断扩大。

2. 工业化程度

工业化程度主要受生产要素条件的影响,生产要素主要包括基本要素和高等要素。其中基本要素从自然资源、气候条件、地理条件、初级工人等角度衡量,被称为自然"遗传"的要素或先天存在的条件;高等要素则从高技术人才及其创造力、现代化的通信网络、科教机构和领先学科等视角辨别,其发展需要长期的投资(包括智力投资或体能投资),是"人造"的、后天开发的(梁能,1995)。受生产要素发展条件的制约,工业化程度对日本服务业,尤其是服务业中的生产性服务业影响较大,生产性服务业主要包括金融保险业、房地产和租赁业、商务服务业、软件和信息服务业、科学研究和技术服务业等。

20世纪90年代以前,日本工业经济发展迅猛,其发展主要是模仿创新为主,即引进国际先进技术,带动国内产业结构逐步升级实现经济增长,伴随着赶超战略的不断实施,日本的产品生产在规模化和标准化方面均走到了世界前列,产生了对生产性服务业发展的要求。发展到20世纪90年代末期,信息技术产业取代了传统的重化工业成为拉动日本经济增长的主导产业,信息化的最大特点是时效性,更新加速,模仿周期短。随着日本制造业在国际上处于领先地位,工业化程度越来越深,其生产性服务业开始逐步发展,信息技术革命,使世界经济在全球范围内又有了新的洗牌,无论从产品的组装化与个性化角度,还是产品的分散化与非标准化角度来看,工业化程度(以劳动和技术为主要代表)开始在全球范围内的水平与垂直型分工都与生产性服务业密切相关。从21世纪起,日本工业化程度不断升级的情况导致生产性服务需求尤其是对知识密集型服务需求的比重日益提高。

3. 居民消费水平

居民消费水平对日本服务业中的个人服务业发展影响较大，个人服务业主要包括住宿和餐饮业、娱乐与休闲服务业、家庭服务业。日本个人服务业的发展落后于美、德等其他发达国家，但其发展高于世界个人服务业发展的平均水平。经验显示，人均GDP越高，居民的消费水平越高，而伴随人均收入的不断上涨，日本社会的消费结构呈现出向发展型、享受型升级的势头，个人服务业也随之发展。日本由于客观自然条件的特点，人口较为集中，城镇化水平较高，为服务企业实现盈利提供了更多可能性，而日本经济发展水平较高，居民消费水平居高不下，导致服务业产品市场需求不断扩张，个人服务业升级的内生动力日趋增大。

4. 政策与资金支持

近年来日本服务业的飞速发展离不开日本政府的政策支持。日本政府通过颁布一系列法律引导全社会关注服务业的发展，鼓励居民参与和发展服务业。例如，在支持信息服务业发展的过程中，为了确保信息服务业相关政策能够得以顺利实施，日本政府通过设立特殊的法人，把计算机程序以及数据库一并纳入著作权保护的范围内，在这种政策导向下，信息处理振兴事业协会（IPA）、日本数据处理协会（JDPA）、信息服务产业协会（JISA）、西格马系统等信息服务业的行业组织大批涌现。大量行业协会成立后，制定了各项促进日本服务业走向信息化和现代化的规章制度，促进了日本服务业的发展。在推动企业信息化进程中，日本通产省采取了系统整体化战略措施。21世纪以来，日本实施了著名的"电子日本"（E-Japan）战略和国家信息化（U-Japan）战略，至今，日本已发展成为世界上最先进的信息技术国家之一。

任何产业的发展都离不开资金的支持,服务业的发展也不例外。日本规模较大的银行信贷以及日本政府的财政拨款构成了日本服务业的主要支持资金来源。源源不断的资金支持推动了相关行业(主要指生产性服务业)的研发、服务业人才的培训、服务设施的建设等。日本服务业在软件和硬件双重动力的不断助推下,逐步走向了世界发展的前列。

(三)日本服务业发展的生命周期演化

从生命周期演进的角度来看,日本流通性服务业、生产性服务业、个人服务业与社会服务业各自的发展规律也各有不同。在总结各类型服务业阶段性演化特点的基础上,可以得到日本服务业发展的具体生命周期演化规律。

1. 日本四大类服务业发展的阶段性演化

(1)日本流通性服务业的阶段性演化。流通性服务业作为日本服务业的主要组成部分,其发展较为稳定,在1999年附近出现峰值。从"二战"后到20世纪70年代初期,日本流通性服务业增加值占GDP的比重呈先升后降的趋势,由1955年的17.9%升至1957年的18.9%,1966年则增长至21.3%,后又回落至1971年的20.8%,直到2011年,日本流通性服务业的比重一直保持在20%左右(见图2-1)。日本流通性服务业中以交通运输仓储和邮政业的发展最具代表性,贡献度最大。

(2)日本生产性服务业的阶段性演化。日本生产性服务业增加值占GDP的比重一直呈现逐步上升的态势。1963年日本生产性服务业增加值占GDP的比重为13.2%,1985年日本生产性服务业增加值占GDP比重为20.2%,至1994年该值增长至24.6%(见图2-2)。从不断攀升的比重可以看出,随着生产性服务业发展水平的不断提高,生产性服务业已超过流通性服务业发展成为服务业内部第一大行业。日本的信息传输

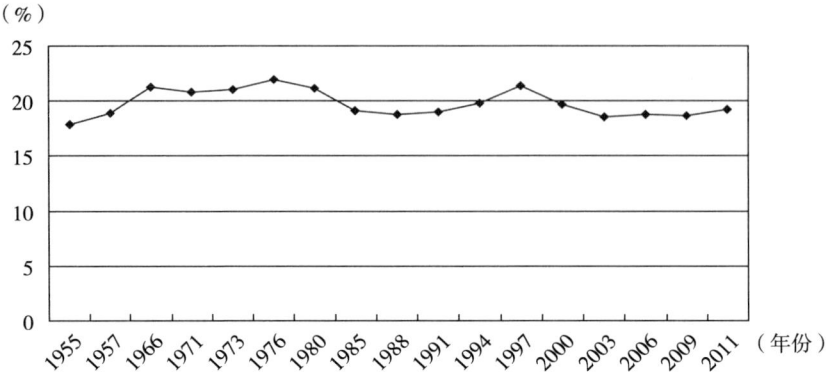

图 2-1 日本流通性服务业增加值占 GDP 比重变化趋势

业、软件业与计算机服务业是生产性服务业发展的主要贡献力量,而房地产开发业则是日本生产性服务业发展的负面力量。

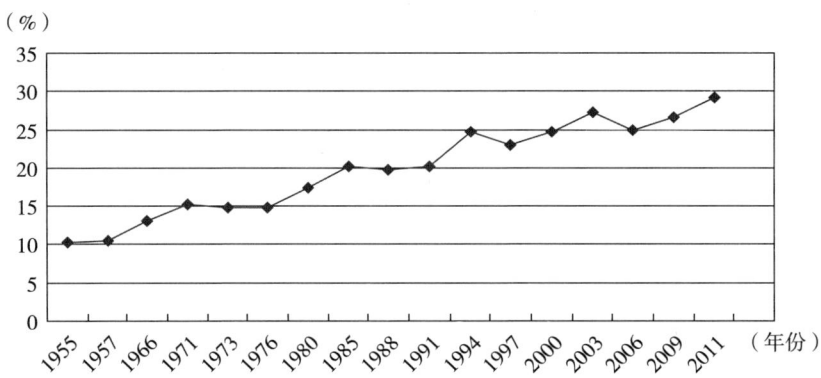

图 2-2 日本生产性服务业增加值占 GDP 比重变化趋势

(3) 日本个人服务业的阶段性演化。日本个人服务业的发展相比美国、德国等国家相对滞后,但仍处于世界个人服务业发展平均水平之上。"二战"以后,日本个人服务业增加值占 GDP 的比重日趋稳定,居民消费率不断下降时,个人服务业的发展也出现下降趋势;反之,个人服务业增加值占 GDP 比值则呈现上升趋势,但是始终没有超过 2.5%

（见图 2-3）。美国、德国等个人服务业发达的国家，该数值已经超过 3%，接近 4%。其数值大小能够作为解释日本个人服务业较其他发达国家发展相对滞后的原因之一。

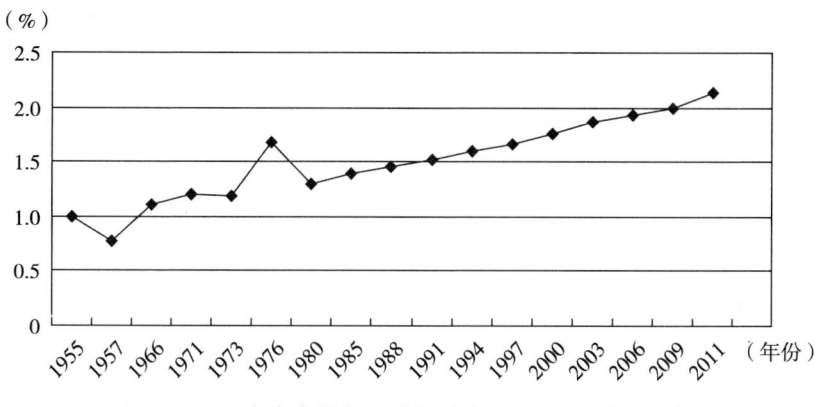

图 2-3　日本个人服务业增加值占 GDP 比重变化趋势

（4）日本社会服务业的阶段性演化。从日本社会服务业增加值占 GDP 的比重可以看出社会服务业的发展在小幅波动中逐步升高，偶有回落。日本社会服务业增加值占 GDP 比重由 1955 年的 16.9% 下降至 1957 年的 14.9%，1957~1971 年，大体位于 12.6~15.1，从 1972 年开始该值逐步升高，由 15.1% 升高到 2011 年的 22.6%（见图 2-4）。

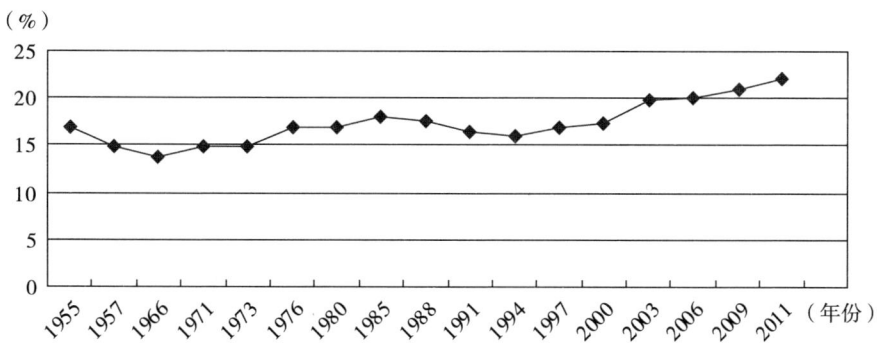

图 2-4　日本社会服务业增加值占 GDP 比重变化趋势

2. 日本服务业生命周期演化分析

根据日本流通性服务业、生产性服务业、个人服务业与社会服务业的阶段性演化分析结果，分年度进行加总得到在不同年份下日本服务业总体增加值占 GDP 比重的变化情况（见图 2-5），根据服务业生命周期阶段划分标准，按照日本服务业增加值占 GDP 比重大小，判定日本服务业生命周期阶段已进入成熟阶段，其阶段性发展内容如下。

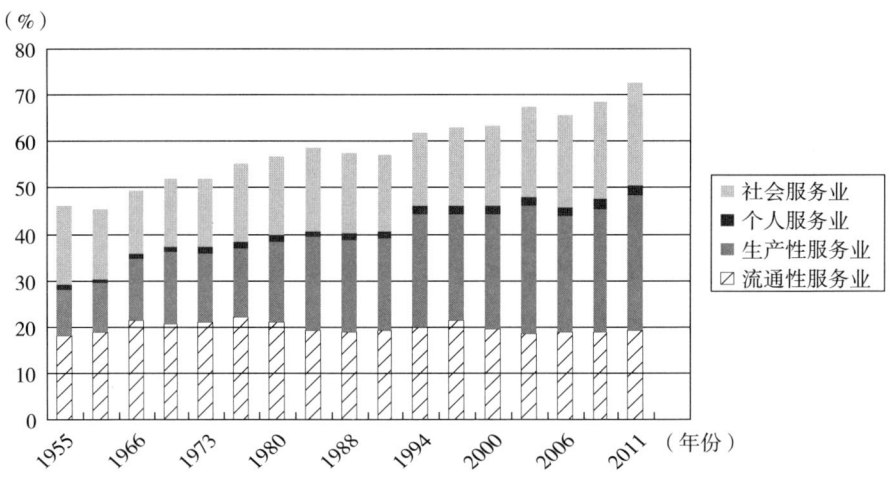

图 2-5　日本服务业增加值占 GDP 比重变化趋势

（1）"二战"后至 1976 年，日本服务业处于初始发展阶段。"二战"后，日本经济低迷发展，服务业仅表现为极少量个人服务业（以娱乐业为代表）缓慢发展，从 20 世纪 50 年代开始，个人服务业发展增速明显，生产性服务业开始起步。同期，日本经济开始进入高速增长，拉动就业，促进收入大幅提高，旅游业发展迅速。随着工业生产规模的不断扩大以及新行业与新技术的兴起，生产性服务业从 1957 年左右开始兴起，1957~1960 年，以媒介生产流通与消费信息广告业企业为例，企

第二章 经济服务化背景下现代服务业发展分析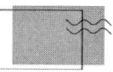

业个数从3828家增长至4340家（增长13.4%），相关从业人员从32113人增加至41274人（增长28.5%）。20世纪60年代是日本经济高速增长的10年，日本服务业增加值占GDP比重不断增加，居民消费生活完成由温饱型到享乐型的转变。恩格尔系数不断下降，10年间下降7个百分点，娱乐服务业大幅度增长。从20世纪70年代起，日本政府开始加大社会服务业的投资，注重服务业整体素质的提高，服务业领域由过去以中小企业为主体进入大资本投资发展阶段。尤其是石油危机后，为适应经济形势的改变，服务业相关企业开始采取高度综合与专业化的经营战略，促进服务业蓬勃发展。到1976年，日本服务业增加值占GDP比重为55.48%。

（2）1976~2003年，日本服务业处于成长阶段。该阶段日本服务业增加值占GDP比重介于55%~65%，第三产业占比逐年增加，服务业已发展成为日本经济的支柱产业。从日本非制造业在总产值中的比重来看，一直维持在55%左右。虽然1976~2003年日本经济经历了高速增长到衰退的发展过程，但从服务业FDI角度分析，日本服务业FDI已经成为其对外投资的主要内容。20世纪70年代中后期，日本经济发展以汽车机械等制造业为主，由于国内市场的客观条件限制了相关企业的生产扩大，其开始寻求制造业专业，拓展海外市场完成组装与加工内容，日本国内在制造业产业链条中主要进行研发、设计的环节，其技术咨询、专利使用均为服务业发展的一部分。进入20世纪90年代，日本经济发展以技术密集型的服务业（计算机软件、信息、动漫等）发展为代表。据日本邮政省白皮书显示，日本信息产业年平均增速保持在6%左右，远高于整体产业平均增长率，同时信息产业的发展对其他产业有很大的带动效应，发展形式多为外包。日本的交通物流运输业在服务贸易总额中所占比重逐年增高，发展迅猛，是成长期日本服务业发展的主导力量。

（3）2003~2011年，日本服务业处于成熟阶段。日本服务业增加值占GDP比重始终保持在65%以上，并于2011年超过70%，实现增加值占比72.53%。日本近年来出现老龄化现象且日益严重，2006年6月日本政府公布了《新经济成长战略》，加大对服务业的财政投入，2004年财政投入为18.5亿日元，2008年增长为25.9亿日元，同年出台了《制造业、信息业、服务业产业政策》及发展服务业的政策措施评估报告，2009年开始实施顾客满意度指数，开发从消费者角度同时跨行业可比的评价服务质量监督。为了促进日本服务业的发展，不断创造并扩大消费者的潜在需求，不断提升科技水平与劳动生产率，确定了两种类型的服务业：一是以为人服务为中心的"生活充实型服务业"，与健康、保健、娱乐、旅游等内容相关；二是以提升制造业竞争力为中心的"事业充实型服务业"，主要指生产性服务业，包括流通和物流业。同期，生产性服务业得到长足发展，超过流通性服务业，日本服务业生命周期阶段演化如图2-6所示。

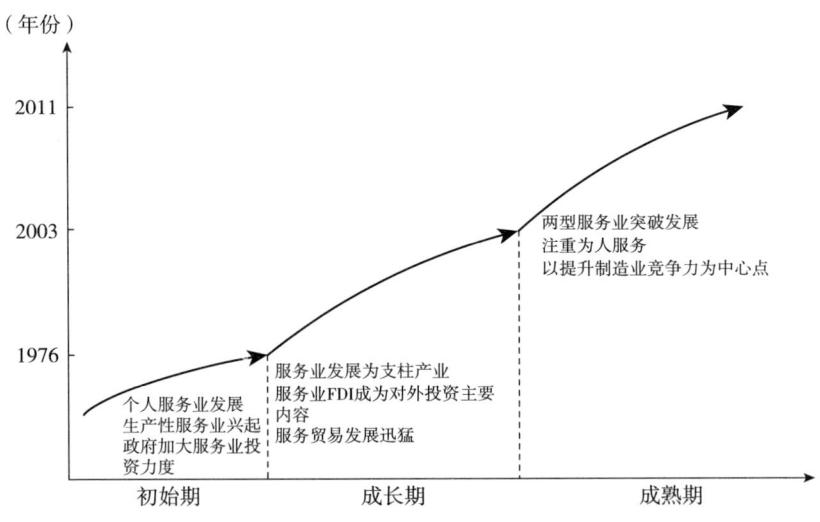

图2-6 日本服务业生命周期阶段演化

第二章　经济服务化背景下现代服务业发展分析

（四）日本服务业未来发展的重点方向及趋势

在当前经济服务化格局下，日本虽然经济发达，人民生活水平高，产业发展处于世界领先水平，但也是老龄化问题最为严重的国家，对日本服务业发展提出了新的要求。随着日本本土基础产业日趋成熟化以及对外 FDI 不断增长的情况，以满足内需为主的情报通信业、环境关联产业、生活关联产业、物流关联产业的需求也在不断扩大。未来 20 年，在经济服务化和都市化的背景下，日本的制造业发展比重将会进一步下降，而服务业比重将加速提高。特别是人口高龄化的发展对医疗、福祉需求有所增加，预计医疗保险、福祉关联产业都会得到扩大。制造业及批发零售业的从业人员将减少，医疗保健、商业保险和消费者服务业的就业人群将扩大。日本传统服务业的发展主要以满足居民个人需求和产业需求为目标，受消费市场牵引。人口老龄化的不断加速导致日本社会面临着极大的养老负担，日本服务业也将在养老服务业的带动下进入新纪元。据测算，到 2055 年，日本每 2.5 人中将有 1 名超过 65 岁的老人。日本将在未来面临巨大的养老压力，以现有养老服务产业发展为基础，在现有的养老福利服务制度和养老模式不断升级发展的情况下，将更加注重长期护理保险的作用，外引内培高级护理人员。尽管日本在养老服务产业方面已经出台了《高龄老人保健福利推进 10 年战略计划》《社会福祉士及介护士福祉法》等，已经形成了较为完善的养老服务政策以及立法保障体系，但是伴随老龄化的严重以及平均寿命的不断提高，日本政府不得不高度重视长期护理保险经费的支出。长期护理保险与传统的医疗保险不同，不是指老年人因病住院进行诊治发生的费用，而主要为老年人出院后在养老机构或居家康复时所发生的照护费用等，如为老人提供必要的生活照料、精神慰藉、康复护理等服务。在这种特殊的需求下，未来服务业尤其是介护护理这种类型的服务人员的需求将不断提升，因此介护服务将是目前及未来日本需求量最旺盛的职业之一。同时日本养老服务机构也将向小规模、连锁化转变。

随着年青一代人口逐步老龄化，日本服务业将继续在护理服务业的发展中从制造到推广再到辅助使用等寻求突破，这将进一步促进相关服务业的深入发展。特别是，从需求的角度来看，相当一部分基础成熟的可能转移到海外生产，因此新的内需产业集群面临通信、资本设备的更新和生活方式改变带来的相关服务行业的新兴。随着日本经济的增长，环境相关产业和省力化的物流相关产业等产业需求的扩张也将在21世纪得到进一步膨胀。预计在国际上经济服务化背景下，日本将在2020年出现制造业比例进一步下降、第三产业比例进一步增大的现象。特别是人口老龄化与少子化的发展将增加日本社会对医疗和福利的需求，并且预计将扩大医疗保险和福利相关服务产业的发展。与此同时，在全球环境的制约和国家环境崛起的背景下，新型产业结构的发展方向也将加强对节省资源、能源技术方面的投入。从就业角度看，制造业、批发和零售业将逐步减少就业量，医疗保健、保险和消费者服务对劳动力的需求将不断扩大。

日本社会出现了经济服务的软件化趋势，经济服务不仅提供非金融资产等第三产业的扩张，也是医疗、运输和商业部门的扩张。如果我们认为资本和劳动力的转移只能通过财产和产业的迁移，就把房地产行业理解得过于简单化了。事实上，在制造业中也有从事服务劳动的劳动力，所以说，日本的经济服务化还包括制造企业内部的"服务"。21世纪是一个信息化时代，在这样的时代，对服务人员的信息技术水平有一定的要求，同时劳动力的信息技术水平在从事相关服务业的过程中也得到了很大提高。日本的服务部门积极开展设备投资活动，比以往更强调物品的附属功能和财产价值，日本经济就成了金融信息时代的"软件"趋势。从经济学的角度来看，软件化是指比物化产品更高的知识、技术

第二章 经济服务化背景下现代服务业发展分析

和信息评估和价值。也就是说,"软件"是附属于自身产生的附属性的知识、技术、智能等的价值,但与材料和能源的输入相比,信息投入的程度大大增加。与它们类似的概念通常有"高附加值""密集化"或"信息化"等。因此,"软件"的概念应该是这些不同概念的集合。软件化和服务化相比,服务化是狭义的,通常被理解为对人提供的劳动需求,而软件化更为宽泛,它除了指人力劳动外,更多的是指信息化。信息社会的特征之一是经济和社会活动越来越依赖信息机器、信息功能,具体而言,不同产业中的生产活动增加了对信息处理机器的投资,信息加工以及处理的速度和质量要求的不断提高带来了对通信基础设施的扩张需求,这也是产业发展的基础,随着产业发展以及商业信息的需求加快,对信息服务(如加工、处理、检索和信息分析)的总体需求迅速扩大。硬件和软件最初是计算机语言,今天已经广泛运用到各种关系如财产和服务、机械和劳动力、有形物品和无形资产中,如土地、建筑物、工厂、机械和其他个人资本服务(教育、指导、研究等)以及金融资产的有效使用均可看作软件化。经济软件化实际上是通过在信息产业中使用软件发展起来的,计算机中硬件和软件的分离是硬件设备和知识产权的分离,工业化中的工业所有权是指工业化社会的技术性资产,即制成品中包含的无形资产,随着信息化带来的经济软件化程度的提高,软件和其他创造知识和技术的价值将不断提高。

日本经济带来的结构性转型期是一种不同于以往经济增长模式的新模式,日本未来经济增长的方向应该是制造业服务投资的增加以及增加服务行业的信息投资和硬件投资。在工业部门,直接劳动和间接劳动之间的关系以及工厂和公司之间的关系不断变化,无论是工厂还是公司都朝着软件化发展。工业部门生产的产品不仅追求价格优势,还追求知识、设计等附加值,也就是说,在对土地、资本和劳动力之后的第四生产要素"知识"的依赖性不断增强。此外,在制造业和服务业的不断整合中，随着软件化的发展，日本传统发展中的主导制造业产业也越来越以服务为导向。例如，当日本汽车制造商向海外汽车制造商提供混合波导联结引擎时，就必须提供高附加值技能的服务。因此，传统的制造业不断向海外转移，对这种以技能为基础的服务业的需求越来越大。近年来，这种制造业的转型升级改变了原有的工业生产发展内涵，以及与工业相关的研发和技术创新的方向，围绕新产品的生产开发和研究，重点发展知识密集型高、精、新服务产业，将"大规模生产工厂"转变为"新产品研发工厂"，逐步将行业转移到服务业延伸。

服务业也不能只靠自己的力量发展，它必须与制造业联系起来，以扩大其发展。近年来，日本的一些服务业的进步与微电子技术的进步有着很大的联系。电子工业的技术进步带来了许多与商品生产相关的服务，如货物的租赁、货物的修理和保存等，各种服务行业在货物的生产过程中，如商品调查行业、废物处理行业等，都是对制造业发展的补充。特别是设计办公室、建筑服务、土木工程服务等，在行业的早期阶段生产的商品，行业的细分将直接提高生产效率，在这里制造业和服务业的发展是相互制约和交互融合发展的。特别是在信息化及软件化条件下，社会服务部门生产过程和供给方式具有标准化和系统化要求，促进其追求提供优质服务。为此，服务产品生产中的机械化和信息投资是服务业的产业化过程，通过这种方式，经济服务的过程转移到服务部门，内部生产和管理的功能开始分离并建立新的组织关系，服务部门从工业部门中解放出来，积极利用已储存的能源站，促进工业部门的顺利发展，制造业和服务业之间的相互依存关系不断加深。

在现代生活中，当自给自足的时代结束时，家庭生活需要更多地依赖家庭以外的公司或机构来提供，这就是生活的社会化。生活的社会化使生活方式中自我完成的功能在减少，而最初在家庭内部需要完成和处理的问题逐渐变得依赖外在条件来解决。生活的社会化集中在购买与生

第二章 经济服务化背景下现代服务业发展分析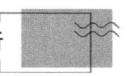

活有关的服务的增加上,这也反映了小家庭生产自给自足的下降及其商品化的形成。服务经济中的生活相关服务的扩张已经成为一种常态,即物质资产在家庭支出中的购买比例下降;相反,服务支出的比例有所增加。可是并不能随意确定"当前对物质的需求正在迅速下降"和"货物支出的快速下降"标准,不同主体该下降范围和比例也存在差异。例如,原有购买唱片和音乐磁带的需求在下降甚至消失,但娱乐方面的服务支出也相应增加。一定时间范围内,对物品的维修由销售方负担,要洗涤的衣服被委托给洗衣房,这些服务费用都在不断增加。在这种生活变化的背景下,日本女性开始逐渐进入社会。现代生活的很大一部分可以委托给外界进行处理,邻里家庭之间的相互关系减少了。生活的社会化也是个人的生活倾向,家庭对社区提供的公共服务依赖越来越深。

  日本现代服务业也呈现出集群化发展趋势。如现代服务业集群中的东京都市圈模式发展作为一种新的发展趋势,已经形成了一种潮流。20世纪70年代,随着国际大都市中心商务区功能结构的完善,现代服务业逐渐聚集并不断成熟。目前现代服务业集群主导着国际大都市区及其中心商业区的发展,这决定了城市经济的繁荣和国际竞争力的提高。生产性服务业的特征在空间中表现为,以商务办公室的形式占据了城市空间,区域的中心地区、大都市圈的中心城市都是聚集的主要范围。因为大多传统服务业的发展必须与客户进行面对面的接触,随着远程通信技术和数据存储介质的发展,这种聚合特性得以缓解。因此,产业布局开始由中心区走向分散,也不必非要面对面接触。随之形成的是多极的、大中小城市群结合的大都市圈模式,东京大都市圈模式就是这种发展趋势的代表。20世纪90年代中期以来,日本服务业的增长已明显呈现出聚集和都市化的趋势。东京都市圈形成了具有金融、批发、信息相关产业的现代服务业集群,进而不断呈现多层次、具有结构特征的都市圈网络化发展模式。

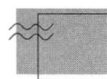

(五) 对我国服务业的启示

21世纪以来,在世界市场呈现经济服务化的背景下,服务业在拉动我国经济增长方面起着不容忽视的作用,在产业结构中的比重也越来越大。然而,与日本服务业以及世界上服务业发展较为完善的国家相比,我国服务业的发展存在着市场发展环境有待加强、从业人员素质有待提高、政策资金支持有待进一步加强等不足,因此,我国服务业的发展应借鉴日本服务业的发展经验,从以下六方面着手寻求突破:

1. 以提升工业化程度为依托,通过制造业发展带动服务业升级

制造业是经济发展的基础,日本服务业比重不断上升的同时,制造业也呈现了服务化趋势。服务业涉及行业细分内容较多,发展弹性较大,衍生性较强,日本政府在服务业发展过程中不断根据国际国内日趋多元化的服务业发展环境,调整制造业与服务业的发展关系,调动服务业相关市场机能的充分发挥,不断降低服务业发展弹性的障碍,处理好行政程序与服务业发展的合理关系,不断协调服务业的全新发展环境,为日本服务业健康向上发展创造了适度发展空间,使之日趋成为日本经济发展的支柱型产业。从日本服务业发展初期开始,近年来,数字技术的发展为电信业、出版业以及广播电视业的发展提供了重要的技术支持,第二、第三产业相互渗透现象明显。在服务业中,尤其以生产性服务业为制造业的主要关联产业,制造业竞争力的提升为生产性服务业的发展开拓了发展空间。在日本服务业发展成长与成熟阶段,日本制造业的高端化对服务业尤其是生产性服务业的依赖度日益提高,两者的关联度与依赖度的上升推动了制造业竞争力的提升,也促进了生产性服务业的发展。在国际市场劳动分工格局的影响下,我国正处于工业化中期的时代背景下,尽管全球已经进入经济服务化格局,但是由于我国的制造业处于微笑曲线的外侧，产品的有效延伸价值较低，导致了我国服务业的发展滞后于发达国家。日本经历了漫长的工业经济时代，在日本制造业已经充分发展的前提下，在分工和专业化发展的条件下，在工业化水平较高的保障下，日本顺利过渡到服务经济时代，日本服务业尤其是生产性服务业得到了长足发展。我国的工业发展历程短，工业化程度决定了我国服务业的发展无法实现自然过渡。因此，应不断探索产业结构的转型与升级发展，提升工业化程度，促进生产性服务业的发展，努力实现工业的三产化发展，即注重制造业与服务业的融合与渗透，朝着经营一体化的方向发展，不断提高生产性服务业的比重，提高我国服务业的质量与分量。

2. 以提高居民消费水平为基础，以点带面促进服务业发展

我国居民消费动力不足，主要表现是储蓄率过高、消费率过低，这不符合当前全球经济服务化发展的需要。当前，如何扩大内需、提振消费仍然是我国经济发展的主要突破口，同时也是提升社会总消费量的重要手段。提高居民消费水平，应该从缩小收入差距、改善收入分配入手。应该借鉴日本加大低收入人群工资增长的力度，重点解决中小企业以及中、低端劳动力的工资增长问题，努力使低收入人群向中等收入阶层迈进，实现作为消费主体的中等收入人群规模不断扩大的目的，与收入相关的激励政策应具有可预见性，降低居民生活的不确定性风险，以提高居民消费信心，进而提高居民的实际消费水平。我国社会保障制度的不充分性也将导致居民可能通过高储蓄来实现保障性需求。在实际发展过程中，为了提高居民消费水平，带动服务业快速发展，应优化金融市场的投资环境，由于普通居民的投资渠道有限，往往通过银行存款和收益较低的理财产品来实现资产保值与增值，而银行资金却以虚拟市场为主要投资场所，以寻求高额收益，这就陷入了与消费无关的循环怪

圈。所以，正确引导资金使用方向，努力拉回消费市场，才能真正提升居民消费水平，增强我国服务业发展的内生动力。

3. 以加大政策及资金支持为导向，逐步优化服务业发展的内外环境

日本服务业在不同生命周期阶段都有相应的服务业发展政策与之相配套，其系统性与实用性均为日本服务业良性发展的保障条件。以服务业中的电子信息产业发展为例，在初始发展阶段，日本政府根据当时国际国内环境出台了第一步促进信息产业发展的《电子工业振兴临时措施法》，随后又配套出台了《信息处理振兴事业协会法》和《特定电子工业及特定机械工业临时措施法》，在1994~1996年又不断推出推动信息产业和IT业发展的五个规划，使日本电子信息业从初始发展不断稳步上升。在成长阶段，日本通过对《IT基本法》推行与IT战略会议的常规化发展，硬件生产日趋完善，逐渐实现了软件业发展国际服务化。在成熟阶段，日本的IT服务外包业已受到国际认可且走在世界前段，其以专利技术为主要形式的对外贸易已经发展为知识密集型主导产业的主要经济增长点，转变传统的产销形态，注重流通效率，开启资讯数字化、知识化服务产业发展命脉，不断形成新的服务业发展模式。从日本服务业政策的发展过程中可看出其阶段性明显，最初服务业政策是由各个相关行业主管部、局分别制定，随着服务业升级发展，开始出现跨行业、跨部门的全产业统一政策体系，运用诸如评选优秀服务企业等方式充分发挥成功与优秀企业的示范作用，扩大对服务业发展的认知度。

经济服务化格局下我国服务业能否获得持续性发展，能否在世界服务业发展中获得一席之地，政策与资金的支持至关重要。从日本服务业发展的经验可以看出，政策与资金支持是日本服务业长足发展的主要影响因素之一，同时政策的制定要兼顾内外环境的同步发展。在软环境的建设上，应该从制定有利于我国服务业发展法规、出台吸引服务业高级

第二章 经济服务化背景下现代服务业发展分析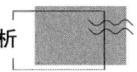

人才安家落户的政策、优化产学研的实施手段等角度出发,不断深化我国服务业体制改革,逐步打破限制产业发展的旧体制,实行新的竞争机制等措施,促进和提高我国服务业发展的整体实力。在外在发展环境的建设方面,加强服务业相关产品及服务专业化市场的建立,不断放宽服务业市场的准入条件,削弱服务业的相关政策性进入壁垒,引入各种形式的社会资本到我国服务产业中,则容易形成良性竞争,使服务业发展不断上层次、高标准。只有内外部环境的不断优化,才能使我国服务业逐步提高自身实力和国际竞争力,才能在经济服务化的格局下朝着更有利于中国经济建设的方向努力,争取持续性健康发展。

4. 以应对老龄化社会养老问题为目标,重视发展养老服务产业

我国目前已迈入了人口老龄化时代,当前养老服务发展中存在法律保障不完善、服务质量不高、资金不足等诸多问题。首先应结合我国的实际情况,顺应时代发展的要求,建立健全养老服务的相关法律法规,为我国养老服务事业的发展提供法律保障。除医疗保险外,应学习日本完善长期护理保险的作用,满足不同层次老年人对养老服务的多样需求。因此,构建合理的服务体系,完善长期护理保险,保障老年人在养老机构或居家康复时所发生的护理费用,尽可能地扩大为失能老人提供必要的生活照料、精神慰藉、康复护理以及临终关怀等服务的范围。

5. 服务业研发基金的持续性是日本服务业成功发展的有力保障

日本服务业成功由初始期不断过渡到成熟期与其获得持续性资金支持密不可分。政府对服务业研发资金的支持与垄断性财团自身的研发基金投入是日本服务业发展的主要力量,尤其是生产性服务业的发展在初期阶段需要较多的技术研发资金支持,其发展主要是大财团获得大银行的资金支持后不断扩大服务业研发基金的投入,而个人服务业相对来说

主要以餐饮娱乐为代表，在发展初期以个人投资为主要发展方式。日本政府通过成立"产学官"专门机构以及国家级"服务研究中心"，不断研究服务质量的量化以及生产率测定方法和服务标准以及商务模式，使服务业劳动生产率合理正向移动。

6. 对"人"的作用高度重视是日本服务业成功发展的密匙

对于日本服务业发展不可忽略的生产要素就是"人"的作用。一方面，日本服务业在发展过程中高度重视"人"的需求，从初始期到成熟期的发展中，伴随社会生产力的不断提高，日本的政策措施以及发展方向均体现了对人服务为中心的"生活充实型服务业"的发展，关注老年人的服务需求和国际需求；另一方面，日本在服务业人才的培育方面，加强多元化人才的自我培育及外部引进，加强与国际接轨程度，加强服务业专业语言人才的素养以提高服务业基层员工的国际语言能力，在不断加大投入力度的情况下，日本服务业人才总体水平日趋提高和完善。

三、美国现代服务业的发展情况

早在20世纪50年代，美国的服务业增加值就占到了国内生产总值（GDP）的50%以上，服务业吸纳就业的能力远远高于工业、农业，服务业不仅在促进美国经济增长方面发挥了强大的作用，而且促进了美国经济持续稳定发展。随着科技水平的不断提高，美国的服务业呈现出强劲的增长势头，到2004年，其服务业吸纳就业的比重已经达到85%。美国服务业的国际竞争力很强，服务贸易也很发达。在服务贸易进口、服务贸易增长率和服务贸易贡献等方面，发展水平均远高于其他发达国家，无疑是世界上最大、最具竞争力的服务出口国。

美国服务业的发展主要经历了两个阶段。第一阶段是从19世纪初至20世纪50年代，在工业化进程甚至工业化之前，美国是一个高度商

第二章 经济服务化背景下现代服务业发展分析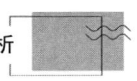

业化的社会,在工业化初期,服务业占比已达40%以上,这个阶段美国服务业的发展稳步增长。美国服务业的发展吸收了大量劳动力,既为美国国民经济发展提供了强大的推动力,还在稳定国民经济的均衡发展方面发挥了作用。第二阶段是从产业结构转型的角度出发,美国的产出结构和就业结构始终保持在服务业主导的形势下。这一时期,美国金融服务业呈现出快速发展趋势,美国服务贸易在国际贸易中的比例也显著增加。

(一) 美国服务业政策的演变过程

与美国服务业的发展阶段和美国经济政策的发展相一致,美国服务业政策的演变分为两个阶段。第一阶段是20世纪30~60年代,美国政府对服务业进行了干预和监管。美国经济模式具有典型的自由主义倾向,但从1929年美国经济危机爆发后,在20世纪30年代的整个10年间,平均每年有18%的劳动力失业,美国经济受到严重破坏。自由市场中的工资、价格和利率机制可以保证资本主义充分就业的论点受到了严峻的挑战。美国政府开始施行凯恩斯主义的观点,即政府出面调控经济,政府管理和干预社会经济生活的功能得到加强。美国政府开始从原来的"小政府"改为"大政府",主要是增加政府支出,进而扩大了社会总需求并刺激了经济增长,具体措施是加强基础设施建设,建立健全官方社会保障体系,大力兴办教育体系,鼓励发展高技术产业,为新产品和新产业创造机会、开拓市场。相应地,服务业的政策也有类似的特点。例如,通过财政拨款修建公路、铁路等。对道路运输进行严格管理和大规模的财政支持,以建立多元化的国家运输系统;公共事务得到严格监督,并进行单独的业务;银行也被禁止在其他州设立分支机构并进行跨州并购。

第二阶段是20世纪70年代以来,美国政府在服务业角度制定的产业政策多体现为放松管制和开放、促进服务业的竞争和激发其活力。20

世纪 70 年代时期美国的经济与 20 世纪 30 年代完全不同,当时美国经济出现严重滞胀。20 世纪 70 年代一段时间内,美国 GDP 增长率为负,失业率居高不下,美国经济处于这种状况是由一系列原因导致的,但我们不能忽视凯恩斯经济政策在这个过程中所扮演的角色。后来凯恩斯主义被货币主义和供给主义所取代,这个阶段美国经济政策最突出的特点是减税、放松管制、减少规章制度、收紧货币,从而刺激经济活力,促进经济增长和稳定。在服务业中则更突出地表现为放松管制、鼓励创新、促进竞争、注重效率。如放宽对卡车运输的控制、鼓励大众交通、推动建立多元化的运输体系以及放宽对金融服务业的监管等,从分业经营开始过渡到混业经营,允许设立银行的分支机构,逐步打破地方市场的垄断,促进竞争。同时增加科学和教育投资,鼓励开发和使用新技术,促进高新技术产业的发展。从 20 世纪 90 年代开始,美国进入新经济时代,经济结构变化加快,除高科技之外,其他经济部门的劳动生产率均停滞不前,产品的服务成分不断增加,进入了由新技术革命推动的经济增长与发展的时代,新经济中增长最快的是金融、保险、不动产等行业,新经济的本质就是知识密集型的服务经济。从经济史的角度看,当制造业比重上升时,整个国民经济波动的幅度就比较大;当服务业的比重上升时,经济结构的稳定性就会增强。因为服务产品的难以储存性使生产和消费难以分开,所以对服务产品的需求波动比较小。同时,大量商务外包活动的产生更加促使了专业性服务公司的发展,现代服务业在全世界范围内迅速发展起来。

(二) 美国运输服务业的发展

在进入"新经济"时代之前,美国的经济发展和运输服务业的发展几乎是同步的。内陆水运、铁路、汽车和飞机在每个特定时期都发挥了主导作用,促进了美国经济的发展。美国的货物运输主要依靠内海和内

第二章 经济服务化背景下现代服务业发展分析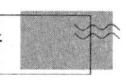

陆水运。在航运发展后期主要的运输方式转变为铁路运输，美国铁路的建设始于1830年。伴随铁路线的不断延伸，广阔的商品市场开始蓬勃发展，它为制造业实现规模经济发展创造了前提，为美国的工业化提供了条件和动力。在20世纪初，美国发明了内燃机和汽车，1940年，汽车发展为主要的交通工具，是国内旅客的主要交通工具，城市客流量占总客运量的3/4。20世纪30年代以来，航空运输业取得了长足进步，随着高科技产业的蓬勃发展，航空运输越来越显示出优越性，其功能及载客量逐步超过了铁路客车。

联邦政府对运输业的管理主要涉及两项活动。首先是鼓励，采取各种形式的鼓励政策，如运输设备和基础设施的财政援助和补贴，通常由国会授权制定规划，然后提供资金；其次是规范化管理，如对运输业的安全管理和规范，主要是为了确保运营的安全性，促进公平和效率。联邦政府对运输业的干预主要集中在早期的鼓励上。重要的措施包括：1806年，为西部公路建设提供资金；1924年，政府为改善港口提供资金；1840年，鼓励铁路建设，实施土地补助和银行贷款。规范化管理于1887年首次实施，当时为了克服铁路运输垄断造成的不足，国会通过了《管理商务法》，成立了州际商务委员会，负责管理大型铁路综合体。随着技术的进步，以及交通运输工具汽车和飞机的发明，交通政策逐步转向非铁路运输方式的推广和利用，铁路的垄断性地位继续受到联邦政府的严格监管。联邦政府为支持建立多元化的国家运输系统、发展非铁路运输模式提供了大量的财政支持。20世纪60年代末，汽车运输的发展非常迅速，但它仍然存在汽车运输成本较高的弊端，而它所带来的环境污染正在迅速升级，国会也逐渐意识到这个问题。1970年，国会通过了有关航空运输、公共交通、铁路和航运的立法。此外，美国完成了历史上第一项综合的空气污染控制法案，以确定减少某些有害汽车排放的最后期限，这一结果被视为发展更平衡的运输系统中的初始举措。后来，国会通过了一系列关于铁路放松管理的立法，减少了政府的作用，逐步放松了对航空公司、卡车和铁路行业的管理，并取消了长期困扰运营商的许多过时的规则和法规。1978年，国会通过立法，整合现代化公共交通和道路政策，减少联邦支出，并支持已出现困难的铁路行业，主要是以补贴形式进行支持，包括联邦对客运和货运的补贴，里根政府则大大降低了联邦政府的运输费用。20世纪90年代，美国政府和交通部制定了一系列发展运输服务业的战略计划，以促进其持续发展。美国交通运输部制定并颁布交通战略规划，明确了交通发展的各项战略目标。例如，安全战略目标是其首要任务，战略目标的顺利实现包括系统的客观发展条件的改善，运输过程中时间和成本的减少，旅行服务和运输能力的改善；经济增长战略目标的主要内容包括运输服务价格指数的增长率低于生产价格指数的增长率，运输贸易壁垒减少，货运服务国际竞争力上升，运输生产能力提高，经营机会增加；环境战略目标的主要内容是减少运输污染，提升环境可持续发展能力，提高生态环境的良性发展能力，保持低收入和落后地区交通服务设施的均衡发展能力；国家安全战略的主要内容包括公安警务任务实施中保障交通运输的安全和可靠性，交通系统的技术开发不断满足国防能力的安防需求，进一步减少对外国运输燃料的依赖，减少毒品和非法移民进入美国的可能性，并防止美国领土的外国侵略，提高交通系统结构的完整性，建立高效灵活的运输系统使美国交通运输服务业的发展适应经济增长和贸易发展的需要。促进美国在区域和国际上的经济增长和竞争力，确保发展顺畅、全面、高效和灵活的运输系统；总体目标是建立针对各种不同运输方式的具体政策，建立安全、高效、充足和可靠的运输系统。

（三）美国单边独立服务贸易政策的发展

美国对服务贸易的重视完全反映在美国与贸易有关的法规中。1974

年,美国国会通过的《外贸法》首次提出国际贸易包括商品贸易和服务贸易。该法案授权总统可以对阻碍美国商务扩张的外国进行报复,里根政府上台后,把服务贸易的发展提到重要位置,成立了服务咨询委员会,以协调政府和服务贸易行业发展关系。1984年,美国国会通过了贸易与关税法;1988年,又通过了《综合贸易与竞争法》。两项法案都将服务贸易与商品贸易结合起来,作为扩大出口的两个要素。1994年,克林顿总统向国会提交了"国家出口战略实施报告",称美国政府将集中力量支持国内服务业的发展,从美国国内经济和就业增长的角度看,政府优先考虑环境保护、信息、能源、交通、医疗保健和金融等服务行业的发展,为提升这些服务业的竞争力提供强有力的支持,扩大出口。除上述综合法案外,美国政府还制定了广泛的行业法律法规。如《国际银行法》《航运法》和《电信法》等,这些法律法规的实施对服务贸易有一定的影响。美国服务业开始普遍开放,服务行业活动正在逐步实现现代化,发展过程中不断消除国际贸易障碍,美国积极倡导服务贸易自由化,已发展为世界服务业最开放的国家。

(四) 对我国的启示

1. 完善服务业立法

与货物贸易相比,服务贸易作为无形贸易的发展更为迫切,更需要严格的法律和监管限制,对于服务业的培育和保护政策一定要有严格的法律依据。中国目前的服务贸易立法工作仍然很落后,存在有些服务行业法律含混不清、抽象,以及法律法规之间仍存在冲突的情况。因此,为确保服务贸易能够沿着正常和健康的轨道发展,政府应尽快完善服务贸易法律法规,建立不同层次、内容完整的服务贸易法律制度,制定符合国家经济发展目标的法律法规,不得违反国际法律法规,为服务贸易

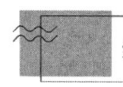

的快速发展提供可靠的法律基础，并增加服务部门的立法进度。对服务市场的准入原则、服务贸易税、投资、优惠条件等都应通过相关法律进行规范，以提高中国服务贸易的透明度，使服务贸易真正制度化、规范化。在管理方面，最好尽快建立和完善服务贸易管理的组织协调机制，建立永久性服务贸易决策团队以及服务咨询专家委员会。

2. 明确界定各管理部门的权限，加强部门之间的密切合作

首先，部门之间的职能分工非常重要，如果功能不清楚，很容易导致监管漏洞以及监管不力。为实现服务业的有效管理，各职能部门应进一步明晰其具体权利和责任。美国服务业的管理很好地反映了这一特点，如其电信业的发展，通过商务部电信信息管理局负责政府通信，而联邦通信委员会则负责民间通信的管理，各部门之间密切协调对当今信息化及服务化的发展，无论是信息收集、信息共享，还是加强沟通、合作和协调方面均具有重要意义。管理部门之间也是如此，如美国银行系统是一个双重系统，美国的银行体制是由在联邦注册的国民银行和在州注册的州银行构成，其金融管理体系也是和其银行体制相适应的双重管理体制，它不仅有联邦一线的金融管理机构，还有州级别的管理机构。中国的服务业管理部门缺乏必要的协调与合作，导致行政效率低下，为改善这种条件，有必要建立信息共享、协调与合作机制。

3. 应进一步加强政府对服务业的支持

经合组织在2000年强调了政府在支持服务业发展方面的作用和建立完善的服务行业发展政策框架的好处，包括创造有利于风险资本开发的环境、便利的政治依附服务，以及支持开放和竞争市场等的公司治理机制。服务业作为最具潜力的部门可以快速发展，它将在很大程度上决定整个国民经济的增长率。服务业效率和水平的提高对其他行业提高效

第二章 经济服务化背景下现代服务业发展分析

率,增强竞争力具有重要意义。服务业是将农业、工业产品和消费者联系起来的产业。在改善消费和内需方面,中共中央曾做出促进服务业发展、制定和完善促进发展的政策和措施的决定。大力发展金融、保险、物流、信息、法律服务等现代服务业,积极发展文化、旅游、社区等服务业需求潜力大的行业。运用现代管理方法和信息技术改造提升传统服务业,坚持市场化、工业化、社会化的方向,建立开放、平等、规范的产业推进体系,营利性公共服务单位应当逐步实施企业化经营,发展竞争激烈的大型服务企业集团。在经济发展过程中把服务业的发展放在首位,有条件逐步形成以服务经济为主导的产业结构。国家的产业政策应进一步向服务业倾斜,特别是向技术和知识密集型的服务业倾斜。相关的税收、信贷和其他财政优惠政策应与产业倾斜政策相结合,促进生产服务业和知识密集型服务业的快速发展,未来我国的服务业不仅能够支持国民经济中其他产业的发展,而且能够在国际竞争中保持强大的竞争力。

4. 应重视服务业政策的前瞻性

服务业政策的设计应具有前瞻性。相关法律应该能够培养服务业的长远发展以及生产和服务效率的提高。美国在这方面的经验值得借鉴,如美国金融部门的法规和政策,其金融市场的发展变化与金融技术革命有效地结合起来,而在相关政策提出之前,美国金融体系的研究非常深入,先提出一段时间内美国金融服务业的发展战略,然后是出台相关法律法规。但是,我们的法律、法规和政策在制定后不久时常会面临与实际情况脱节的情况,减少法律的严肃性和应用性;或出台的政策过于严格,导致相关法规限制了服务业的发展,也存在政策过时而不适应新需求的情况,无法引领那些可能代表未来业务发展方向的服务业发展,创新和扩张性的行为受到扼杀,降低了服务效率。因此,政府机构有必要成立一个专门的研究小组,对中国服务业现状、全球服务业管理模式和现状进行全面深入研究，开发符合中国国情和发展的前瞻性服务业发展规划及其管理模式，严格执法，以提高法律的严肃性，为服务业领域的创新和发展留下一定的开放空间。

5. 积极推动服务业的开放

随着世界产业结构的加速，全球服务贸易出口规模迅速增长，服务业的发展和服务贸易的扩大已成为产业进步的标志。这一趋势表明，一个国家的服务业可以在温和的竞争中取得良好的发展，盲目地拒绝开放或不切实际的控制将增加服务业的运营成本。在经济服务化的背景下中国扩大服务业的开放，促进服务贸易的发展已成为必然趋势。促进服务业的发展、扩大服务贸易的出口不能仅停留在鼓励中国货物贸易的发展上，而应该注重有利于改善国际收支和服务贸易的出口结构，改善中国的国际分工，促进产业结构调整和升级。在服务业的开放中，应重视竞争对手，引入竞争机制，打破服务业壁垒，打破服务业行政垄断，注重引进外资。在服务业开放过程中学习先进的技术和管理经验，进一步形成竞争优势，创造、吸收和创新服务业发展点，引入国内供不应求的重点服务业人才，弥补现代服务业发展的人才短缺问题，按照稳步扩大中国服务业对外开放的原则，积极开拓国际市场，通过开放促进竞争，通过开放促进发展，利用国际市场培育竞争优势，提升中国服务企业的国际竞争力。此外，建立符合市场经济要求的服务贸易促进体系也是必要的，积极培育小型贸易促进协会、进出口商会等中介组织，充分发挥中介组织和附属企业的桥梁作用，拓宽国际合作渠道，维护服务市场秩序。但是，倡导服务业的开放并不是要倡导服务业各行业的全面开放，而是应该根据实际情况，根据服务业的性质，股权状况和地点差异逐步开放，这将对国民经济产生重大影响。与国民经济和民生有关的行业不允许外国投资者拥有或控制，可以通过合资企业向公众开放；不是国内迫切需要发展的服务行业可以允许外国投资或控制。此外，在发展过程中应该限制外国服务提供商的经营范围，以确保国内服务经济发展的安全。

6. 为服务业营造公平的市场竞争环境

在中国的服务业市场，竞争起到了一定的作用，但仍然不够充分，对于尚未开放的市场来说，公平的竞争环境是对希望进入该市场的市场参与者的一种鼓励。特别是在服务业，如银行、证券、保险、民航、铁路、健康教育、新闻出版、广播电视等，很多服务业务都是垄断的。受监管的运营状态仍然保持非常严格的市场准入限制。在服务方面，固定资产投资、国有经济投资比重仍然较大，大多数服务产品的价格仍由内部政府设定和管理。竞争不足导致市场的发展很难满足日益复杂的社会需求，它也限制了服务业本身的发展。国务院发展研究中心和区域经济研究所提出的发展战略有"以促进竞争为手段，增强服务业活力"的口号。在发展中，一定要打破垄断，加快开放，改良环境，促进竞争，减少准入条件，培养竞争性氛围，促进服务业健康、稳定和快速发展。

第三章 现代服务业生命周期成长阶段及对经济增长的作用分析

第一节 现代服务业发展阶段与趋势

一、发展阶段

现代服务业发展的阶段与其发展特点息息相关，其发展阶段既要受到生产力发展水平变化的影响，还要受其发展期间生产力和生产关系的影响，此外制度变革、社会心理以及社会一般人际关系等因素变动均会对现代服务业的发展阶段产生影响。在不同的社会政治经济环境下，现代服务业发展各阶段的特点表现形式不一致，不同的变化特征往往与客观发展环境的变化有关，这些变化可以看作现代服务业主体发展过程的转变，同时也存在现代服务业发展阶段相互交替的过渡形式。关于现代服务业发展阶段的相互交替是一个非常复杂的经济过程，在这个复杂的经济发展过程中，现代服务业内部产业结构发生巨大转变，行业间存在此消彼长的情况，也有一些行业则保持相对稳定。在不断发展变化过程中，现代服务业在国民经济中的综合性地位以及在经济社会发展中的作用也发生了一定的改变。从目前现代服务业的发展过程看，现代服务业

第三章 现代服务业生命周期成长阶段及对经济增长的作用分析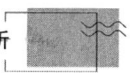

的发展大体经历过四个发展阶段,这四个阶段由低级向高级发展,各自特点不同。

(一) 以传统服务行业为主的阶段

这一阶段是以传统服务行业为主的阶段,其特点主要表现为:酒店业、餐饮业、维修业、美发业、医疗卫生业等传统服务业在整体服务业结构中占主导地位,其他服务业发展非常薄弱,经济活动只是零星出现。在服务业发展的这一初始阶段,服务业在国民经济的构成中处于非常低的地位,在这个时候,它只是作为一个必要的补充性产业而存在,是人们正常生活中以及维持社会稳定健康发展的一个不可或缺的消费品供应部门,可以看作稳定经济发展的必要环节。无论是从提供的财富数量,还是从其在就业结构中的地位看,传统服务业的发展都是远远落后于农业发展的,是一种落后和松散的产业。尽管在这一时期社会分工已经受到人们的广泛认可,但是在服务业发展的第一阶段,社会分工仍然不完善,工农业生产水平低,剩余产品增长缓慢。另外,由于各种社会因素和政治因素,区域社会的分工往往不稳定,服务业的扩张因为缺少了社会分工的推动力,而失去了发展的基础,服务业的内部结构发展也较为失衡,服务商品结构也很难朝着特定的需求发展方向而变化。由此可以确定一个非常重要的结论:服务业发展的原始动力实际上是社会分工,如果没有社会分工制度的形成和发展,即使国民经济中其他产业的产出水平较高,或者社会消费形式发生了很大变化,服务业也很难在结构和发展规模上取得重大突破。

传统服务业的发展符合当时商品经济的发展程度。总的来说,服务业的发展与商品经济的发展阶段成正比关系。也就是说,商品经济越发达,服务业越发达,与流通的发展密切相关。如果商品经济处于落后状态或呈现下降趋势,那么流动人口数量将逐渐减少,这将不可避免地导致生活服务业的萎缩和倒退。商品经济的落后将不可避免地限制更为细化的行业分工，使具有实际使用价值的服务产品的生产经营规模受到限制，不能迅速扩大。在服务业发展的第一阶段，由于商品经济的发展水平实际上很低，服务业的规模扩张和结构的变化以及生产组织形式的变化缺乏外部驱动力。服务业的产生和发展主要是为了满足社会分工和社会消费活动的客观需要。商品经济的发展和促进服务业的发展只是一种动态的关系，不能说服务业的发展只受商品经济发展的制约。

传统服务业的发展与当时的平均消费能力和一般消费模式兼容。在此期间，人均收入水平不高，人均消费能力较低，大多数人对商品和服务的需求比较单一，同时，人们消费其他工农业产品的能力也很低，一般只能维持生活和家庭的基本需要，这使服务业的扩张缺乏动力。此外，当时的消费模式只是一种生存型消费模式，人们对服务消费的渴望并不高。人们认为没有必要消耗过多的服务产品，服务产品消费过多不能带来更多的价值。大量的消费者在服务产品过程中被视为一种投入产出率较低的行为。人均消费能力和消费模式限制了服务业的规模扩张和结构变化，使期待较高投资回报率的人不愿意涉足服务业。在这种发展背景下，服务业主导的发展模式只能是小型传统模式。

从工业革命开始到 20 世纪 50 年代，现代服务业登上历史舞台并有了最初的发展。虽然现代服务业很早就开始产生，但现代服务业在工业革命之后才开始成为一个产业，其发展离不开机器大工业发展的推动。受工业革命的作用和影响，人类生产方式发生了根本性的变化，企业内部逐渐出现了规模经济。许多行业都开始出现寡头垄断市场结构，相应地产生了寡头。

由于大规模的机器化大生产需要世界各地的原材料和商品，原有的运输方式已无法满足生产发展的需要。在此期间，已经产生了现代社会的基本运输方式，包括火车、汽车和航空。与此同时，信息的作用也开

第三章 现代服务业生命周期成长阶段及对经济增长的作用分析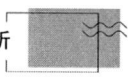

始在这一时期出现,即出现了最基本的通信方式,如电报、电话等方式,解决了全球范围内的通信问题。随着工业经济的不断发展,银行在工业生产中的地位和作用也开始不断展现出来,银行的新业务已经出现并不断更新,银行业逐渐渗透到工业经济的发展中并发挥作用。1925年,麦肯锡公司成立,为企业管理提供咨询和诊断,后来成为世界上最具影响力的咨询公司之一,服务于企业的管理咨询业开始蓬勃发展。许多其他服务行业,包括广告业、会展业、法律服务业、经纪人行业以及其他行业,在此期间已经兴起和发展。发展到这一时期,现代西方国家的现代服务业开始得到普遍的发展,但由于本时期的工业相比服务业在整个社会中占有支配地位,因此,现代服务业当时仅处于从属地位,其发展规模也比较小,因此在经济中的作用和地位也没能显现出来。

(二) 现代服务业规模扩张,内部结构发生转换的阶段

发展到这一阶段,现代服务业从业人员占社会总就业人数的比例有所增加,特别是在生活服务业,就业人数呈现大幅上升并持续增加。与此同时,现代服务业的资金数开始增加。其中,增长最大的是流动性资金,而且资金的周转速度也不断增大。服务产品的生产技术水平和技术结构发生了一定程度的变化,这种变化一方面与消费者消费结构的变化有关,另一方面与服务生产者积极改进技术以节省劳动力消耗和材料消耗有关。与传统的规模较小的服务公司的情况不同,大中型的服务公司开始涌现出来。这一阶段出现的早期的大中型服务企业,其内部进行的分工已经开始变得复杂,涉及的管理活动也开始逐渐被统一和制度化,出现一批全职从事服务管理活动的管理人员。当然,在这个时候,这些大型服务公司通常都是商业资本尤其是大规模商业资本的一部分。由此可以得出结论,现代服务业发展第二阶段出现的大企业不仅是经济发展的结果,而且也是政治活动的产物。因此,我们应该从更广阔的视角审

视现代服务业发展的实际过程。这一阶段值得注意的一点是开始出现新兴服务业。虽然这些行业一开始尚未表现出明显的独立性和发展前景，但它们表现出不同的活动和活动方式，显示出其他经济活动无法取代的经济和社会影响。较为典型的是旅游业的出现和逐步发展，根据上述现代服务业在这个阶段的特点来看，虽然此阶段现代服务业仍处于量变阶段，但也发生了一些实质性的创新。

现代服务业规模扩张，内部结构发生转换的主要原因可以归结为以下几点：一是商品经济的发展。现代服务业发展在这一阶段的时代特点是小商品经济快速发展，社会总产品商品率快速上升，商品交易的扩大以及日益紧密的经济联系凸显了这一点。经济实体之间存在错综复杂的交互关系。商品经济的发展一方面导致流动人口的增加，另一方面还促进了商品生产和商品交易场所通过借助现代服务业的力量来确保其生产和经营活动正常进行。食品服务业、美发业和洗浴业不断扩大，商业模式不断改善，服务质量不断提高，产品结构也日益丰富。商品经济的发展也扩大了邮电业、医疗卫生业、旅游业和维修业的产业规模，业务范围不断拓宽，服务质量飞速提高。此外，商品经济的发展也在很大程度上增强了现代服务业从业者的营销意识，这也是促进现代服务业发展不可或缺的重要举措之一。二是社会分工的发展。在这个阶段，自然分工转变为经济分工，自然分工是一种粗暴的劳动分工形式，具有强制性的色彩和浓厚的家庭色彩，而经济分工基本上以市场需求为基础和导向，以经济利益的相互满足为主导目标，正是这种社会分工的转变导致了社会经济形态的深刻变化，推动了先进生产力的发展以及产业结构的不断优化，也带动了新兴消费趋势的出现，在一定范围内是对落后社会生产关系改革的动力。在社会分工不断转变的条件下，现代服务业的内部及外部分工逐步成熟，新的服务业出现并发展，成为保证全社会顺利生产、消费的重要部门，也是带来高利润和高收益的主要发展点。三是城

第三章 现代服务业生命周期成长阶段及对经济增长的作用分析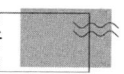

市发展的步伐日益加快。伴随着城市文明的不断发展,城市的优越性逐渐被人们所认识,农业工人一般都希望搬到城市,而中产阶级人数的增加极大地增强了非农业劳动力的实力,这使城市文明渗透到社会生活的各个方面,使城市经济成为整个社会经济的核心。城市和城市经济的不断发展及增长,为现代服务业的发展提供了机遇,现代服务业的发展是适应社会发展的需求而产生和发展的。如果现代服务业不能随着城市经济的发展而改变其规模和结构,那么城市经济的发展将失去其后劲,整体社会经济运行将处于非正常状态。城市文明的兴起,城市经济的发展,现代服务业的推动,在后续的发展过程中表现得越来越明显。

20世纪50年代以后,西欧和日本经济逐渐摆脱了第二次世界大战的阴影,世界经济得到恢复,现代服务业在此期间相对发达,无论从其产业的产值还是就业情况看均有较大发展。此外,与前一时期相比,现代服务业对经济增长所做的贡献也大大提高,这一时期的银行业、通信业和管理咨询业都得到了极大发展。管理咨询业在美国增长的速度最快,后来逐步渗透到日本和西欧,大型咨询公司开始逐渐发展成为跨国公司,业务遍及世界主要发达国家,如德国、英国、法国、荷兰和日本。咨询业繁荣发展的同时,咨询公司不仅为大公司提供咨询服务,还为中小企业提供服务。巴西、印度和其他国家的咨询业也得到了很好的发展。全球广告业也在此期间发展起来,在20世纪70年代和80年代,世界广告市场以超过每年10%的速度增长,展览业、律师业、财富管理业、法律服务业等不仅在发达国家发展起来,同时已经开始成为亚洲一些新兴国家和地区的新兴产业。在此期间,现代服务业的各个行业在服务质量、服务手段和服务内容方面都有所提升,出现了许多大型专业跨国服务公司,推动了全球现代服务业的发展。在现代服务业快速发展的同时,政府加强了对现代服务业的规范化管理,出现了许多有关现代服务业的政策法规,使现代服务业得以健康发展。

(三) 现代服务业由量变发展到质变的阶段

随着现代服务业的不断发展，服务业发展呈现出新的特点。一是现代服务业扩张规模不断加快。无论城市还是农村，现代服务业都呈现出快速增长的态势，城市生活服务业的扩张具有相对刚性。二是现代服务业的结构变换更加频繁，持续时间更长。这不仅体现在经济领域各现代服务业发展地位的相对变化，也体现在现代服务业产出结构的变化、劳动力供给结构的变化和现代服务业的结构变化中。三是现代服务业的行业内部结构发生了实质性变化。其突出表现是服务企业总体结构中大中型企业的比重上升，已成为影响现代服务业发展趋势和现代服务业结构的主力军。而且，大中型服务企业的组织形式也开始变得复杂多样，并且有一种先进的企业组织形式，可以跨地区甚至跨行业运作。四是现代服务业的材料技术设备得到了很大的改善。不仅提高了生产过程中原材料的质量，增强了生产自动化程度，还提高了流通活动所使用的工具和技术的质量。这不仅使生产和消费之间的关系更加密切，而且加速了生产和运营的周期。五是现代服务业的内部所有权结构发生了一定程度的变化。各种所有制服务企业同时存在，国有服务企业数量减少，股份制服务企业出现并日益增多。总之，上述特征标志着现代服务业进入了一个新的历史发展阶段，现代服务业正在发生质的变化。

导致现代服务业从量变到质变发展的主要影响因素有以下三个：

一是行业进步的影响。在这个阶段，大型机械工业已成为工业生产的主要形式。工业企业的组织形式发生了巨大变化，大中型企业成为主导力量，大型企业已成为跨区域、跨行业的企业集团，其中大部分为股份制企业。产业的进步促进了流通规模、流通结构和社会分工的变化，直接导致了与流动人口增长相关的现代服务业的发展，也直接促进了现代服务业的扩张和市场竞争活动的加剧。工业的进步带来了现代服务业发展的客观规律，与社会政治和经济制度的性质关系不大。

二是消费者需求发生变化这一因素的影响。从生产和服务消费需求的角度看，工业化促进的社会分工变化极大地促进了企业对生产性服务的投入，如信息咨询服务业和技术咨询服务业的投资，直接关系到企业所提供的产品是否能够广泛而迅速地占领市场。此外，从消费者对生产性服务的需求来看，社会成员的收入水平普遍提高，收入增大的情况下对消费的支出必然要增加，而生活水平越来越高的人们开始增加对服务消费的需求，因为此时的服务消费不仅标志着生活水平的提高，而且劳动力商品的价值中的第三点，即人们有接受教育和培训的费用需求开始体现出来，在购买教育和培训消费的过程中，人们开始注重提高个人的竞争力以在市场竞争中立于不败之地。因此，生活服务在消费者需求发生变化的这一阶段，不仅体现为生活服务的规模迅速扩大，而且针对消费者需求层次的加大，提供的服务质量和服务结构也发生了前所未有的变化。

三是竞争日益激烈这一外部因素的影响。由于工农业生产模式的转变，大量剩余劳动力加入了劳动后备军的行列，下岗失业现象十分普遍。除了少数人寻找进入高收入行业或其他行业的机会外，其中相当一部分人已进入服务行业。这也客观上扩大了服务生产和流通的规模，成为推动现代服务业内部结构的重要力量。此外，一些资产所有者和经营者自愿进入现代服务业，其目的是充分发挥个人优势，获取更多的利润收入或工资收入。这极大地加剧了现代服务业的竞争程度，导致劳动力和其他生产要素的重新分配和重组，这也促使生活服务业的规模和结构发生了很大变化，利润越高的服务行业表现越为明显。

（四）发挥更重要作用的阶段

现代服务业的地位和作用在这一阶段日益凸显，旅游和咨询服务等新兴服务业继续发展，成为一个在服务总产值中起关键作用的产业。现代服务业产值占GDP的比重迅速上升，不仅超过工业和农业，而且超过了两者的总和。现代服务业从业人员占就业人数的比例也迅速增加，成为国民经济中地位显著的行业，现代服务业整体增长速度大大提高。现代服务业投资增长迅速，它已成为吸引资金的重要行业。从事现代服务业的人员素质大大提高，吸引了大批具有较高教育水平和较好专业素质的员工，现代服务业的就业结构发生了很大变化。大型现代服务企业在服务市场占据明显的主导地位，而中小服务企业的数量仍在迅速增加，渗透到社会消费的各个角落。现代服务业生产力有了全面且实质性的发展，在许多服务生产领域已经实现了自动化和机械化。许多行业与现代技术关系密切，服务经济和知识经济的发展日趋一致，技术性增强。

推动现代服务业地位和作用日益增大的主要影响因素有四个：

一是社会分工进一步完善，社会生产、流通和消费规模不断扩大。社会分工越精细，效率和效率越高，成本效益越高，可以生产更多新的现代服务业来为生产和生活服务，社会需求和新兴服务业可以相互促进。

二是市场的激烈竞争增加了销售商品的成本。例如，旅行费用逐渐增加，生产、信息和技术咨询的成本也在增加。当然，这也将为制造商带来更大的利润。

三是消费结构发生了迅速变化。一旦社会经济形势为人们的概念需求转化为实际需求创造条件，消费结构将迅速变化，而消费结构的变化将反过来推动社会产出水平和产出结构发生同方向和同比例的变动。

四是资金流动的变化。产业结构的变化可以引起资金流动的变化；社会闲置资金数量的增加可以引起资金流动的变化；国有资金数量逐步增加也可以引起资金流动的变化。由于这些变化内容导致大量资金流入现代服务业，不仅形成了大型的现代服务业企业，而且导致了过去相对薄弱的服务业以及新兴服务业的发展。

二、发展趋势

在一个国家的国民生产总值中,服务部门的份额主要取决于以下因素:一是中间产品或生产者服务的需求水平和形式,即其他生产者用于进一步增值活动的服务;二是最终或消费者服务的需求水平和形式;三是服务进入交易后占经济总量的比重;四是生产过程中增值链的长度以及服务在生产过程中的作用;五是专业服务公司与非专业服务公司之间服务生产组织的地位;六是一国的经济结构,即该国生产的商品和服务的类型及其生产方式;七是服务交付的技术水平。然而,现代服务业目前的发展状态呈现出许多与过去不同的新发展规则和趋势。

首先,现代服务业的发展越来越依赖技术、知识、人力资源和信息化程度的水平,发展水平越高,发展越快。

在发达国家,现代服务业不仅从早期的劳动密集型产业向资本技术密集型产业发展,而且正在从资本技术密集型产业向知识密集型产业转变。作为知识载体的技术、知识和人才已成为现代服务业发展的重要资源。为此,20世纪90年代以来,主要发达国家制造业研发支出呈下降趋势,但现代服务业均呈现出不同的增长程度,发达国家增加了对教育和培训的支持,研发资金的增长也明显从原来的制造业转向了现代服务业。

近年来,现代服务业的信息化程度不断提高,使发达国家的现代服务业几乎成为高信息化服务业的代名词。目前,在发达国家,不仅金融、保险等行业的信息化水平较高,而且旅游、教育等典型的劳动密集型服务业,近年来网络技术的应用也在加快。据测算,1970~1991年,美国的服务信息化程度由59%上升到64%;1970~1987年,德国的服务信息化程度由57%上升到67%;法国的服务信息化程度从1968年的

57%上升到1989年的65%；日本的服务信息化程度则从1970年的46%上升到1990年的52%。发达国家现代服务业信息化水平不断提高，具有深刻的原因。除了近年来受信息技术发展的影响外，信息化改变了公司的成本结构，降低了生产成本。同时，信息化扩大了产品差异化，由于信息量大，服务质量差异更明显，产品差异化也是比较优势的源泉。这些都是服务信息化能够给现代服务企业创造的优势，也是现代服务业在高科技水平下飞速发展的原因之一。

正是信息化功能使现代服务业信息化迈出了坚实的一步。根据美国商务部的统计，1993~1997年，与美国网络信息相关的现代服务业是服务业中增长最快的，平均每年增长25%，几乎是服务业增长的2.5倍。

其次，现代生产性服务业发展加快，服务产品呈现标准化趋势。20世纪90年代以来，现代生产性服务业的发展速度明显快于现代消费性服务业的发展速度，生产性服务业增加值占现代服务业的比重在60%甚至70%以上，已成为现代服务业增长的主要动力来源。从直观角度分析，现代生产性服务业的快速发展离不开发达国家日益严重的外置化以及日益全球化的生产活动。所谓生产活动的外置化，是指生产企业从专业化的角度将属于内部企业的一些职能部门转移到独立的业务单位，或取消原来由企业提供的资源或服务，而转向使用企业外部更专业的业务部门提供的资源或服务。例如，金融、保险服务；法律、会计和审计等专业服务；广告、推销等营销服务；图纸设计、工程设计等技术服务；婚纱租借等租赁服务；招聘和培训等员工服务；咨询服务等经营服务。生产活动外部化对企业的优势如下：第一，外部化使企业能够集中精力培养和提高自身的核心竞争力；第二，外部化可以降低企业的成本；第三，企业自身的专业化水平会随着核心竞争力的培养不断提高，生产效率越来越高，带动企业自身的盈利能力和发展潜力进一步提升。

需要补充的是，随着生产活动的外置化，服务活动的专业化程度不

第三章 现代服务业生命周期成长阶段及对经济增长的作用分析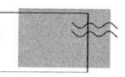

断提高，现代生产性服务业也呈现出越来越"规范化"和标准化的趋势。从供给的角度看，由于整个社会职业的分化程度加深，服务业本身对专有资产的需求程度一直在下降，服务生产的标准化在不牺牲服务消费者满意度的前提下可以提高劳动生产率并降低服务成本，这几点原因导致了现代生产性服务的"标准化"。

再次，网络化、规模化以及混业经营已成为现代服务业发展的主要方向。过去，与工业企业相比，服务业企业规模通常较小，主要是中小企业。然而，自20世纪80年代起，这种情况在现代服务业的发展中发生了很大的变化。许多传统服务行业以前只是小规模生产，在制度创新的条件下不断改变生产方式，在不断发展的过程中，这些传统服务行业现在的经营规模甚至高于制造业企业。

现代服务业规模的扩大是市场竞争加剧和信息化的结果。20世纪90年代以来一直处于高潮的公司的兼并和收购也促进了现代服务业的工业集中，当时的并购呈现出金额较高，规模较大的趋势，而并购公司主要集中在金融、保险、信息服务、航空运输等现代服务行业。

混业经营也是近年来现代服务业发展的主要特征。在混业经营的条件下，传统产业之间的界限正在逐渐减弱，不同服务公司的业务日益交叉，这反映在企业提供的服务类型上，集团服务的趋势在不断深化。目前，发达国家在以下行业的混业经营尤为明显：一是与金融相关的服务业，如包括银行、金融服务、证券、保险等行业；二是与旅游相关的服务业，如旅店、运输、旅游经营、休闲娱乐等行业；三是与信息服务相关的服务业，如数据处理、软件、电信服务、信息存储和检索等服务业；四是与专业性服务相关的服务业，如会计和管理咨询、广告、市场调研和公共关系等。

在这一发展进程中，城市化对现代服务业发展的重要性已提升到一个新的高度。城市是一个政治、经济和文化较为集中的地方，虽然城市功能多样化，但经济功能是城市的基本功能，提高城市化水平意味着现代服务业的发展将吸引更多的农村人口转变为城市人口，人们对当前服务业的总需求不断增加，由于人口密度的增加，供给和需求同步的现代服务业的消费将有更大的增长空间，这有利于现代服务业的发展。更为重要的是，在信息经济时代，中心城市不仅可以成为现代消费性服务中心，还可以借助现代信息技术成为以金融、保险业为代表的现代生产性服务中心。换言之，现代消费性服务中心和现代生产性服务中心正在城市中呈现出合二为一的趋势，现代服务业的发展更加趋向综合性发展。因此，城市化在现代服务业发展中的作用现在比以往的发展更具内涵。

最后，政府在现代服务业发展中发挥的作用不可替代。在一个开放和不断变化的环境中，政府制定和实施促进服务发展的政策越来越困难，空间越来越小。但是，政府仍可以在很多方面影响和促进现代服务业的发展：一是制定相关的发展规划和管理规定，促进现代服务业的发展。例如，1999年11月，美国通过了"金融服务现代化法案"，废除了20世纪30年代大萧条期间商业银行、证券公司、保险公司和其他金融机构分离的限制，从而废除了美国之前行业发展间形成的障碍，为银行、证券和保险之间的混业经营创造了条件。二是建设现代化服务基础设施，开发相关人力资源，提高人力资源总体水平，城市信息基础设施项目等通常需要由政府组织或投资。在人力资源开发方面，在美国、日本、英国等国家，人力资源开发被视为政府的基本责任。如1997年，美国政府拨款510亿美元用于实施政府制定的教育计划。三是对现代服务业发展的政策支持。例如，美国免除电子商务和企业咨询费的所得税；日本向国内咨询服务出口部门提供政府补贴和税收减免；韩国和印度设立了政府特殊基金、激励措施和免税政策，以加速现代服务业的发展。

第三章 现代服务业生命周期成长阶段及对经济增长的作用分析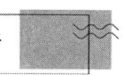

第二节 现代服务业的生命周期

生命周期最初被提出来是应用于生物学。它指的是从出生、成长、成熟、衰老到死亡的有机生命体的整个过程。在现实生活中,不难发现无论是产品、企业还是产业或产业集群在自然界中都具有明显的生命周期,这一概念是由经济学家马歇尔和潘罗斯借用的,并提出了企业的生命周期:发展和消亡的过程。经济学家如约翰穆勒引入了演化理论中"自然选择,优胜劣汰"的竞争思想,强调外部环境对企业的影响,使企业在发展和竞争中应该不断适应外部环境。1965年,弗农利用生命周期分析方法提出了著名的"产品生命周期理论",将产品生命周期分为初始期、成长期、成熟期和衰退期,并提出了技术、资金、劳动力等不同要素在不同阶段中的作用;1989年,爱迪思提出了"企业生命周期"的概念,并描述了企业在不同的生命周期阶段的不同行为特征,爱迪思认为,企业在其生命周期中的位置取决于灵活性和可控性,企业的生命周期可分为多个阶段:萌芽期—婴儿期—幼儿期—青春期—盛年期—稳定期—贵族期—官僚化早期—官僚期—死亡期。在企业稳定期之前,它统称为成长阶段,在企业稳定期之后则统称为老化阶段。产业生命周期理论是从产品生命周期理论演变而来的,它指的是一个行业从产生到成长再到衰退的发展过程。中国学者张会恒将产业生命周期分为初创期(导入期)、成长期、成熟期和衰退期四个阶段。

"服务经济"理论的创始人通常被认为是新西兰经济学家费希尔,他在20世纪30年代出版了《物质进步的经济含义》《第一次产业、第二次产业和第三次产业》等著作。他认为,社会经济的发展是由第一产业(农业)主导的经济,然后是第二产业(工业)和第三产业(服务业）经济所主导的经济，他认为消费需求促进某一部门的发展作用是产业划分的基础，假设最大消费需求为 1，则第一产业的消费需求小于 0.5，第二产业的消费需求在 0.5~1，达到 1 的则是第三产业。费希尔认为，服务业的消费需求最高，其次是工业部门，最后是农业部门。20 世纪 30 年代中期到 70 年代中期，服务经济学家关注经济发展模式和服务业发展的成因和意义，包括费希尔第一次正式引入第三产业的概念，阐述三次产业理论。克拉克（1940）明确将产业结构划分为三个主要部门：农业、工业和服务业，把配第、费希尔有关产业结构变动规律的思想确定为一个经济规律，称为"配第—克拉克定律"。在此期间，美国经济学家维克多出版了一部服务经济的实证分析著作《服务经济学》，详细阐述了美国服务业就业人数的增长规律、服务业生产率规律以及服务业工资收入、服务业经济增长对整个国民经济的直接影响等问题。

一、罗斯托的五阶段理论

罗斯托是非均衡经济发展理论的代表人物之一，基于经济史的发展历程，他提出了经济发展的五个阶段理论。他认为，"根据他们的经济发展水平，任何社会都可以纳入以下五种阶段之一：传统社会、起飞准备阶段、起飞阶段、成熟阶段和高额群众消费阶段"，后来又在"高额群众消费阶段"后面加上了一个"追求生活质量"的阶段。

罗斯托的"传统社会"意味着人类对世界的理解处于原始状态。人们的生产完全受自然条件的限制，生产力水平较低，生产的扩张主要依赖人口和土地的增长，而人们的生产活动则主要集中于农业部门。

"起飞准备阶段"是过渡期，即从传统社会到起飞阶段的过渡期。这个阶段是一个充满动荡的时期，社会观念、文化价值和制度正在发生深刻的变化。经济逐渐呈现出社会商业化的趋势，如金融市场的出现和发展，商业化的经济活动和对交通以及信息业的投资等。如果某个国家

第三章 现代服务业生命周期成长阶段及对经济增长的作用分析

传统社会的制度刚性很强,那么转型可能就不完整,因此有可能形成一种二元经济结构。起飞阶段是一个漫长的过程,在这个阶段,经济开始进入快速增长期,新的价值结构已经建立并成为主流。在产业结构中,主要表现为现代部门的增长,农业等传统产业已实现产业化,发展为现代农业,农业生产率的增长是成功起飞的关键。

"成熟阶段"是一个较长的发展阶段,主要依靠技术进步来实现高物质文明。它可以说是一个"纯技术阶段",即在这个阶段基本的社会政治和文化结构是稳定的,这种变化主要体现在技术进步引起的主导产业的变化方面。

在"高额群众消费阶段",大部分人的基本衣食住行可以得到完全满足,人口高度城市化,就业劳动力技术水平越来越高,物质财富高度发达,资源分配具有社会福利化配置特点。

罗斯托认为,一个国家最重要的阶段是"起飞"阶段,经济发展过程中最困难的阶段也是"起飞"阶段。一旦一个国家超越传统社会并开始起飞,经济就会继续增长。"起飞准备阶段"的突出特点是,劳动力中的大部分农业劳动力转移到工业、运输业、贸易和现代服务业,投资方向转向工业和社会基础设施的投资是最关键的方向转移和因素。他还强调了社会基础设施投资在"经济起飞阶段"中的重要性,他认为农业和社会基础设施,特别是交通运输的革命性生产率变革是经济起飞的条件。

二、贝尔的三阶段理论

美国社会学家贝尔提出了一个以"后工业社会"理论为中心的三阶段人类社会发展理论。贝尔的分析方法在分析经济结构的基础上分析社会和文化结构,认为经济结构决定了社会结构和文化现象。为此,他首先详细分析了后工业社会的经济结构,他认为后工业社会有四个特点:

一是后工业社会是服务型社会;二是在后工业社会中知识、技术和科学在社会生活中占主导地位;三是专业人员和技术人员在发展中的重要性;四是价值体系和社会控制方法的变化。贝尔具体提出了人类社会发展有三个阶段:

第一阶段是前工业社会阶段。这种社会就是传统体制下的农业社会,在前工业社会人类主要与自然斗争,生产力低下,生产主要满足基本生活需要;社会活动的基本单位是大家庭。贝尔指出,"前工业化社会……由于生产率低和大量人口,存在较高比例的就业不足,这些不足的就业人口通常分布在农业和家庭服务业部门。因此有较高的服务业成分,主要为个人服务和家庭服务"。贝尔引用了几个统计数据来论证这一观点,1851年的英国不列颠人口普查表明,英国是一个以农业和家庭服务为最重要职业的国家,美国早在1850年就业人数中就有63.7%集中在农业,15.6%集中在制造业和建筑业,约13%就业人口集中在家庭服务业。

第二阶段是工业社会阶段。贝尔提出,工业社会也是商品生产社会,这是一个由机器统治的社会,世界已经发展成为技术化及工具理性化的世界,在这个世界上,人、市场和物围绕商品的生产和流通而组织起来,人类正在与"被组装的自然"作斗争。

第三阶段是后工业社会阶段。这个社会阶段发展的基础是服务,因此它是一个"人与人之间斗争"的社会,财富的来源不再是体力和能源,而是信息。

贝尔发现,在上述经济发展阶段,服务业在经济中的比例与经济发展水平之间的关系并不是一个简单的线性关系。他强调,必须在"后工业社会"中强调服务业的发展。在此之前的服务业是差异化的,以突出"后工业社会"作为"服务社会"的独特性。为此,他将服务业的发展分为三个阶段,并强调服务业本身的发展。他认为,在农业社会中,生

第三章 现代服务业生命周期成长阶段及对经济增长的作用分析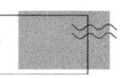

产率低下,剩余劳动力数量多但是质量差,服务业主要集中于个人服务和家庭服务;在工业社会中,与商品生产相关的服务业主要是商业性的,以商业发展为主;在后工业社会则以知识性服务和公共服务为主。不仅如此,贝尔还认为服务业经历了从工业社会到后工业社会的三次转变:"'服务'这个词包含了不同的事物,在从工业社会向后工业社会过渡的过程中存在不同的阶段。"在工业发展阶段,由于商品流动的需要和对能源改善、运输和公共设施的需求,作为辅助服务的交通和公共设施必然扩展,并且仍然存在对蓝领工人的需求。由于大规模的商品消费和人口增长,在流通、金融、房地产和保险领域传统的白领人才就业比重不断上升。随着国民收入的增加,按照恩格尔定理,人们用于食品消费的比重在不断下降,增加的消费首先用于耐用品(衣服、住房、汽车),其次用于豪华商品、休闲服务等,即随着人们生活的增长以及需求和口味的变化,第三产业部门即个人服务开始增长,如酒店、自动化服务、旅游、娱乐、休闲、体育等。服务业的发展历程大体为:个人服务和家庭服务—交通通信及公共设施—商业、金融和保险业—休闲性服务业和"集体服务业"。

贝尔的分析至少证明了两点:①作为一个整体的服务业实际上是在经济发展的三个时期发展起来的,它在工业这样的单一时期内没有显著增长;②服务业在不同时期的发展适应了不同层次的生产技术,因此有不同的内部变化和发展规律。有些学者不同意使用需求因素(尤其是最终需求)来解释不同时期服务业内部部门的不同增长,如工业化时期运输和商业等流通领域的快速发展显然不是由最终需求驱动的,而是由中间需求驱动的。这种情况是否会像贝尔预测的那样,在"后工业社会"中发生变化?事实上,技术因素(或供应因素)反过来对需求会产生很大影响,如为什么旅游业成为工业化后期人们的重要消费方式?原因可能不仅是人们的收入水平有所提高,更重要的是旅游成本急剧下降,而旅游成本的下降与工业化水平密切相关，工业化后期对服务需求的增加是收入水平增加的结果，实质可能是工业化后期的工业进步大大降低了各种消费的成本。

三、生命周期演化与现代服务业发展的一般性界定

生命周期演化作为国际经济学的一个重要概念，目前已形成的相关理论有产品生命周期理论、企业生命周期理论、产业生命周期理论以及产业集群生命周期理论。Dean 首次于《新产品定价策略》中提出产品生命周期概念，按照在市场中的逐渐演化过程把产品分为四个阶段：推广、成长、成熟与衰亡，对不同阶段给出了不同定位。此后，诸多学者开始研究生命周期的相关理论，其内涵不断丰富和拓展。后来，随着产品生命周期理论的不断完善和发展，该内容逐渐应用到经济管理范畴以及工业工程范畴，甚至被用来作为研究可持续发展的基础理论之一，其作为一种系统性管理思想，以生命周期为指导，归纳总结了从产品到企业、产业的发展规律性。

现代服务业的发展演化具有较强的生命周期特性，一般选取现代服务业增加值占 GDP 的比重作为衡量现代服务业发展水平的主要指标。据此，结合生命周期理论，以及我国现代服务业发展的实际情况，可以将现代服务业的发展划分为四个阶段（见图 3-1）：一是初始发展阶段，该阶段是现代服务业发展的源头阶段。此时，工业化水平仅处于中速发展状态，第二产业是经济增长和产业结构升级的主要动力，现代服务业增加值占 GDP 比重介于 30%～40%。二是成长阶段，该阶段是现代服务业发展的加速强化阶段。第二产业仍作为经济增长的主要动力，但其比重上升速度开始放缓，开始出现工业和现代服务业并行发展、双轮驱动的局面，现代服务业增加值占 GDP 比重介于 40%～60%。三是成熟阶段，这一阶段是现代服务业发展的稳步升温阶段。在此阶段经济发展开

始进入后工业化时期,第二产业比重逐步下降,现代服务业已经发展成为整个经济的核心支柱产业,现代服务业增加值占 GDP 比重由 60% 升至 70% 及以上。四是衰退阶段,这一阶段是现代服务业发展的竞争弱化阶段。当现代服务业发展从相对稳定的平台期开始降低比重时,其增加值占 GDP 比重随人均 GDP 的提高不再上升,开始从 70% 左右逐年下降时,即进入现代服务业发展的衰退阶段。

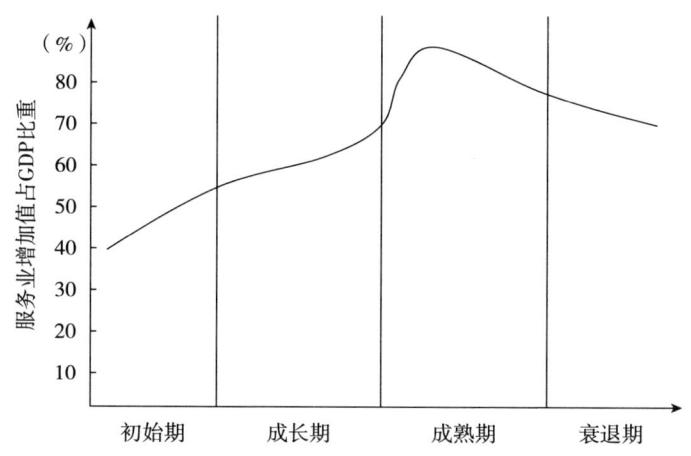

图 3-1 现代服务业生命周期发展阶段

第三节 现代服务业在经济增长中的作用分析

经济发展过程中现代服务业的作用是不可忽视的,但是也有学者持相反观点。鲍莫尔认为,服务业的发展将会阻碍经济发展,有些经济学家对鲍莫尔的这种观点持肯定的态度,并且进行了验证,个别学者也指出由于服务部门的不断扩张,美国及其他高收入国家在 21 世纪初期经济增长率下降。

有学者在过去20年中考察了经合组织国家服务业人员的情况，得出的结论是，制造业和服务业之间的生产增长不平衡可能导致资源不断进行重新配置并流向发展滞后的服务业，最终由服务业带动经济发展，但由于其发展滞后性将降低整个经济的增长率。杜钦使用来自30个省份的面板数据来检验中国服务业的快速发展是否会导致成本病的假设，研究发现，服务业目前对经济增长的贡献主要来自初级产业到服务业的转型，成本病的一些特征可以从服务需求、工资决策和服务劳动力投入需求的价格信息中找到。

近年来随着经济的不断发展，有许多学者认为在经济增长的过程中服务业发展起到了重要作用，指出鲍莫尔的成本病理论虽然提出了问题并对阻碍经济增长的服务业发展持消极对待态度，但是从长远来看，鲍莫尔的不平衡增长模式忽略了一个关键因素——服务业发展对就业的促进和扩张作用，这一因素可以弥补整体经济增长的负面影响。而且，并非所有服务行业带来的产值都较低，如金融、保险、房地产、商务和私人服务等领域带来的产值就很高。教育、卫生和文化等服务业部门有助于人力资本的形成和提高人力资本的质量，从而可以促进经济增长，因此服务业生产率较低的说法是有局限性的。由于服务业的特殊性，测度服务行业的生产率较为困难，但并不意味着服务部门的生产增长率低于制造业部门。一些服务行业具有非常强劲的生产增长潜力，如金融中介、邮政和电子通信服务业等，即使与制造业相比，这些类型的服务业增长率也相当高。服务产品相对普通意义上的商品而言也具有一定的特殊性，如存储和运输更加困难，无形服务产品较为常见等，因此一些学者质疑服务业的发展能否持续性促进商品经济的增长。但是当前世界经济发展过程中，由于信息技术的使用，使经济发展更为便利，无论是运输还是服务贸易的发展均有质的飞跃，因此经济服务化、服务全球化已成为世界经济的一个主要趋势。

第三章 现代服务业生命周期成长阶段及对经济增长的作用分析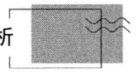

经济服务化以及服务全球化为发展基础薄弱的发展中国家的产业发展提供了机会,并找到了另一个增长来源,发展中国家的服务贸易近年来发展迅速。服务贸易有四种主要发展形式:跨境支付、海外消费、商业存在和自然人流动。由于使用信息技术,服务业是全球贸易增长最快的产业部门。事实上,全球服务贸易的增长速度从20世纪80年代起就已超过全球商品贸易的增长。服务贸易的发展大力刺激了投资发展,全球服务业自由化吸引了大量的国内外投资,投资刺激了经济增长,而经济增长则可以减少贫困,服务贸易促进经济增长遵循了贸易促进经济增长的原则,并带来了长期的动态效应,有人力资本积累效应、制度创新效应和技术溢出效应。从人力资本积累效应角度看,服务贸易相对商品贸易而言具有特殊性,同时还结合了更强大的人力资本效应。人力资本是影响经济增长的最重要因素,服务业的开放和竞争的全球化加强了人力资源和培训的发展,促进了各行业知识、技术和管理水平的提高,跨境服务外包越来越多地呈现出全方位的人力资本积累效应,成为一个新兴的发展渠道。从制度创新效应角度看,服务贸易的发展和开放将在国际贸易规则和体系中带来许多新的变化和创新,为促进国内企业管理系统的创新和学习交流的渠道提供了发展平台。从技术溢出效应的角度出发,可以看出知识经济、信息网络技术和服务经济不断互嵌关联,并渗透和互动,全球服务业正日益成为技术密集型产业,在服务业中使用高科技不仅可以促进制造业的不断升级,如生产方式和工艺的不断改进,信息化的不断改造升级,可以使制造业降低成本、提高效率和核心竞争力,也可以在制造业不断升级的基础上促进现代服务业的进一步发展。

长期快速的经济增长是克服贫困和解决贫困的重要力量源泉,减贫的主要推动力是经济增长,只有经济不断增长,国民收入日益提高,才能够直接增加贫困人口的收入,这是经济增长对减贫的直接影响效应。此外,经济增长将带来财政收入的增加,使政府有更多的财政能力为贫困人口提供基本生活保障和基本公共服务,间接增加贫困人口的收入,从而实现减贫目标。经济的快速增长需要建立一个可以形成规模经济效应的良性产业,对发展中国家来讲,现代服务业可以促进经济的快速发展,解决发展中国家的减贫问题。

一是从拉动就业角度看。一个行业的劳动力吸收能力通常通过就业弹性来衡量,某产业的就业弹性=该产业就业增长率/同期的 GDP 增长率就业弹性,可以反映就业对经济增长的吸纳能力,这是指当其他经济增长因素保持不变的情况下,GDP 增长一个百分点所引起的就业变化的百分比。当就业弹性为正值时,该值越大,经济增长对就业的吸纳能力就越强,该值越小,则经济增长对就业的吸纳能力就越弱。当经济增长为正、就业弹性为负时,则表明就业减少,经济增长对就业产生"挤出"效应。此时,就业弹性值越大,对就业的"挤出"效应就越大;反之,"挤出"效应就越小。如果就业弹性为零,则表明经济增长对就业没有影响。近几十年来,农业的就业弹性逐渐转为零甚至为负数,这表明近几十年来,农业吸纳就业的能力正在稳步下降,甚至出现劳动力外流的现象。随着经济的不断发展,人民生活水平不断提高,人民素质也有所提高。许多曾经从事农业生产的人开始在工业部门以及服务业领域找到了合适的工作。劳动力从农业部门转向工业和服务部门,与服务业的就业弹性相比,工业的就业弹性较低,吸收较少。在转向工业和服务业的过程中,服务业部门在吸纳就业方面发挥了重要作用。

全球服务业的快速增长导致其产值和就业份额在全球经济中的比例上升,并达到了较高水平,因此服务业逐渐占据了整个经济活动的主导地位。服务行业所涵盖的范围通常很宽泛,跨度也特别大。因此,服务业创造就业的机会超过农业和工业部门,如金融从业人员、保险业务人员、医生、律师、教师还有家政行业服务人员以及美容师等均是服务业就业主力军。正是由于服务业的多样性和灵活性,在发展过程中才能吸

第三章 现代服务业生命周期成长阶段及对经济增长的作用分析

纳如此多的就业。在服务业，既有高等教育和高收入的人群，也有受教育年限较少甚至没有受过教育的低收入人群。失业和缺乏机会是贫困的重要根源。服务业内部有许多类型的行业，具有强大的包容性，是劳动力非常典型的蓄水池。大力发展服务业来不断缓解日益紧张的就业压力已成为经济发展的重要政策。

经济服务化背景下，作为吸纳就业的主要部门，服务业的吸收能力很强，同时还有较强的稳定效应，是经济和就业的稳定因素。根据配第—克拉克定理：当人均国民收入水平提高到一定水平时，就业人口首先是从第一产业向第二产业转移；当人均国民收入水平进一步提高时，就业人口才会向第三产业转移。也有产业发展不按照这一规律转移的国家，如印度的就业转移过程，印度的就业人口正在转向第二产业和第三产业，第三产业的转移速度快于转移到第二产业的速度，这种大规模就业的变化可以有效地减少贫困，因为人们可以从低工资部门转向高工资部门，从而提高收入，摆脱贫困。劳动力从农业部门转向非农业部门可以减少贫困，随着产业结构的变化，城市化进程不断深化可以使农业就业比例下降，而教育的不断扩张和发展则可以提升劳动力就业水平和能力，所以城市化进程和教育的影响都将降低贫困程度并减少贫困。

二是从服务业促进妇女和低技能人才的就业角度看。服务业的发展可以促进妇女的就业。家庭贫困的原因之一是家庭中的妇女不进入劳动力市场，导致劳动力资源的浪费和家庭贫困的恶性循环。性别歧视问题一直是工业社会的一个问题。由于传统的就业观念是保守的，女性的教育水平和比例低于男性的教育水平和比例，女性的就业层次、工资和男性部门都有很大的差距。女性的就业集中在社会的底层，从事无偿的家庭工作，特别是在贫困的农村地区，农村妇女将洗衣和其他家务劳动作为终身职业，相应地，该家庭容易陷入贫困加剧的恶性循环。因为女性劳动力本身的特点，妇女进入劳动力市场主要集中在服务部门。在世界范围内，妇女在服务部门的劳动参与率较高，因此，服务业的发展将提高女性的劳动参与率。服务业就业比例的增加应基于劳动力市场中女性劳动力参与率的不断提高。例如，印度在1985~2010年，制造业和农业部门明确确定了服务部门就业妇女的比例，妇女在服务部门就业率的增长速度高于在工业部门就业率的增长速度。随着时间的推移和大量民主民权运动的兴起，妇女逐渐走出家庭，进入制造业和服务业从事劳动。由于历史和实际问题，妇女自身的综合素质低下，她们只能从事一些技术含量低、收入低的行业，如餐饮、家政和卫生服务业。随着人民生活水平的提高，妇女接受教育和培训的机会有所增加，妇女在家庭服务业中的就业规模不断增加。随着社会对家庭服务需求的不断扩张，从传统的家庭服务中衍生出了新的服务行业，如月嫂、高级护理师、家庭医生、家政咨询师等，为女性提供了更多的工作岗位。女性将获得从家务劳动中解放出来的机会后，进入劳动力市场，出现了两种结果：一是增加了女性所在家庭的收入，从而提高了家庭购买服务的能力；二是最初由家庭女性完成的家务活动将由市场服务提供，从而增加了对餐饮和劳务等个人生活服务的需求。这种西方的影响将促进服务业的进一步发展，以及服务业就业率的提升。

现代服务业可以分为高端服务业和低端服务业。高端服务业是现代服务业的高端部分，主要涉及金融业、民航业、新闻传播业、旅游酒店业、咨询业、会展业、医疗业、法律业和教育业等，高端服务业的发展具有资本含量高、技术含量高、附加值高的"三高"特征；而低端服务业主要指具有低门槛的传统服务业，低端服务行业中包括许多劳动密集型产业，如家政服务业、社区服务业、道路维护业等，这些行业对员工的要求较低，未受过培训的人员也可以从事简单的服务，因为要求较低所以能够吸引低端劳动力就业，进而有效缓解社会的就业压力，为社会就业率的提高做贡献。

第三章 现代服务业生命周期成长阶段及对经济增长的作用分析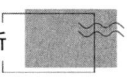

三是从提高教育水平、带来人力资本水平提高的角度看。贫困不仅意味着低收入和低消费，还意味着缺乏教育和培训机会，生活在社区底层的贫困家庭无法改善或增加收入水平，因为他们没有享受到经济增长带来的好处，因此，没有钱支持子女进入学校接受教育，导致贫困家庭后代的教育水平普遍偏低，无法适应当今社会的变化，找不到高薪工作，因而陷入教育水平低下导致贫困加重的恶性循环中。人们的收入水平随着教育程度的提高而增加，而低水平的教育则是贫困的结果，这也是贫困的原因。要打破这种恶性循环，我们必须从教育的角度制定反贫困战略，大力发展教育和培训，所有贫困家庭的子女都可以享有受教育的权利，增加就业机会，提高他们的就业水平和收入能力。对于发展中国家来说，加强基础教育是消除贫困的重要武器。扩大教育覆盖面是提高贫困人口发展能力的唯一途径。越来越多的研究表明，将社会资本投资在专注于人类基础发展的方向对减轻贫困至关重要。在一定程度上，它可以突破实物资本投资的局限性，穷人缺乏的不仅是人力资本，更缺乏的是获得教育的机会。增加贫困地区人力资本投资是最重要的，这也是解决贫困的根源和最经济、最有效的投资方向。

四是从增加基本公共服务的供应角度看。所谓基本公共服务，是指建立在一定社会共识基础上，根据一国经济社会发展阶段和总体水平，为维持本国经济社会的稳定以及基本的社会正义和凝聚力、保护个人最基本的生存权和发展权，为实现人的全面发展所需要的基本社会条件。在本质上，提供基本公共服务是为了保护人民的生存和发展的基本需求。保护人们的基本生存，要求政府和社会为个人提供基本的就业保障、养老保险和基本健康保障。为了满足人们的发展需要，政府和社会也需要为个人提供基础教育和文化服务。在市场经济条件下，包括为教育、医疗、社会保障提供支持基础设施，公共服务的作用是提供基本就业、养老金和人寿保障。在确保每个人生命权的基础上，满足人们的发展需求，维持人们的基本生存能力和尊严。提供的基本社会公共服务越完善，居民参与市场经济活动的能力就越安全。理论上讲，贫困人口可以获得的公共产品和服务以及自然资源也是有限的，现实也是如此，这种贫困带来的恶性循环将使相关贫困人口陷入越来越糟糕的境地。对于那些长期陷入贫困的人，贫困表面上是低收入水平的问题，实际上它还包括许多方面的实际困难，如饥饿、营养不良、饮酒不安全、缺乏基本服务、社会歧视和没有安全感等。如果一个人没有机会获得培训技能，他将来找不到好工作，无法使自身的收入水平提高；没有基本的医疗保障，面对疾病，有可能使普通家庭陷入贫困；没有水和电的供应，贫困土地的基础设施不到位，将带来一系列的负面影响。医疗、教育、基础设施的建设直接影响人民的福利。在长期，这些方面还决定了贫困人口未来的经济机会。政府的公共支出是社会和经济政策的一项重要支出工具，可以调节经济发展。特别是交通、教育和医疗等部门的公共支出在减轻贫困方面发挥着非常重要的作用，即使是最贫穷的国家，它还可以通过向该国贫困人口提供公共支持，创造各种形式的社会保障。近年来比较典型的是印度的贫困问题，印度政府近年来的财政预算逐渐倾向于民生角度，政府不断增加投资以改善民生发展，已经取得了一定的成果，促进健康、营养和医疗卫生服务的改善使死亡率大幅下降。针对贫困人口的商品和服务范围不断扩大，农村基础公共设施的投资不断增加，交通运输和通信行业也开始普及，这些方面政策的制定和实施都使贫困问题得到有效解决，使经济不断增长。

五是从改善社会医疗结构的角度看。疾病是贫穷的根源，对于一个非常贫困的家庭来说，意外的疾病成本会给家庭带来毁灭性的灾难，这将导致家庭收入的相对减少和支付高额的治疗费用。一种疾病可能使普通家庭陷入贫困，或者让一个贫穷的家庭面临一个道德选择：当有家庭成员生病时，是拿仅有的钱来救命，还是保证一家老小所有人的基本生

第三章 现代服务业生命周期成长阶段及对经济增长的作用分析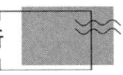

存问题？这就是个两难的道德选择问题，也是一个现实的社会问题。对贫困人口的智力投资是人力资本投资的一部分。改善穷人的健康水平和身体素质非常重要。作为重要的人力资本，健康不仅在个人收入和劳动力市场中发挥着重要作用，而且还对社会经济发展的活力和人类生存能力的提高有重要意义。医疗保健系统的完善直接影响到穷人的生活质量。要改变穷人的生活条件，就要重视医疗保健问题，确保劳动力身体素质的不断提高。

第四节 现代服务业的发展规律分析

现代服务业发展规律主要表现为以下五点：

一是空间集中和集聚规律。在全球化中，城市是全球经济运行的指挥和控制中心。城市功能的变化要求生产者的服务集中在特定城市，一个城市的现代生产性服务业占GDP的比重是反映该城市是否是世界城市的主要指标。从理论上讲，生产性服务业集聚的动态不仅包括共享基础设施的静态集聚效应和节约运输成本，还包括有利于技术和知识的创新和沟通的动态集聚经济效应。具体来说，首先是人才作为关键输入因素的可用性和信息的便利性以及知识的获取、更新和沟通；其次是为了更容易接近目标客户，不断降低双方的交易成本；再次是政府为适应集聚初始期而开展的政策调整和政策指导；最后是制造业的集聚导致了生产性服务的积累。

二是生产性服务的比例持续上升。虽然配第、克拉克、库兹涅茨等早期学者曾提出三次产业演化规律，但是，由于经济发展阶段的局限性，它们并未涉及服务业的进一步发展，尤其是生产性服务的比例不断上升这一规律。统计研究发现，服务业中生产性服务业比重呈上升趋势，消费者服务业的比例也呈上升趋势，两者涨幅持平，社会公共服务的比例逐渐下降。产生这种现象的主要原因有两点：一是由于社会专业化的深化和普遍化，生产性服务逐渐与制造业外化（或垂直分离），从而实现社会化、市场化和专业发展；二是经济服务化的增长趋势和知识经济意识的提高导致市场对人力资本和智力资本密集型生产性服务的需求不断增加。在以需求为导向的市场经济下，需求的增长自然会导致生产性服务的发展。因此，生产性服务比例的增加不一定与人均 GDP 的增长直接相关，而是与社会分工和技术进步有更密切的关系。

三是组织形态不断外化、产业不断融合的规律。大多数生产性服务都是制造业内部的自助服务。由于社会专业化的深化和普及以及市场需求的扩大，它逐渐脱离制造业，实现了外部化以及专业化发展。由于生产性服务与制造业之间的关系是互补、相互依存的，其外部发展不会削弱商品生产部门的实力。相反，它将更加有力地支持制造业的发展。毕竟外化只是对生产组织模式的调整。因此，生产性服务外部化作为一个空心化的行业缺乏理论基础。与生产性服务外部化同步的另一个趋势是制造业和现代服务业的同时融合，从而实现转变制造业技术基础的效果，传统制造业和服务业传递信息通信、技术和软件行业信息转型所带来的服务业发展的活力就是最好的例子。

四是因素依赖以及演进规律。生产性服务业的发展是一个逐步深化的过程，也是一个逐步发展和升级依赖于它的要素的过程。早期的生产性服务业的内容相对简单，具备简单的劳动能力就可以胜任。随着发展的逐步深入，越来越多的生产性服务需要依靠资本投入和工人的技能来提供。如今大多数生产性服务业的发展需要使用大量的人力资本、智力资本和技术资本作为主要投入，与之相伴的是产出也包含大量的人力资本和智力资本。正是因为生产性服务的因素依赖劳动力—资本—技术—知识的演化规律，所以生产性服务业的成长和发展过程是资本深化的过程，但这里的资本不仅是物质资本还包括人力资本、智力资本和技术资本等新资本。

五是垄断竞争规律。垄断有三种类型，即自然垄断、市场垄断和行政垄断。对于生产性服务业，我们必须坚决反对行政垄断，因为行政垄断对生产性服务业的外化过程和专业发展极为不利。与此同时，行政垄断也导致市场竞争不一致和市场竞争不充分。生产性服务业是一个垄断竞争行业，因为它具有垄断和竞争的双重特征。生产性服务本身是一种尽管同类却不同质的差别化产品。虽然不同企业可以提供相同类型的生产者服务，相互间构成近似替代品，但由于服务业本身的产业特性，如"经验性"、供给上的个性化、"定制化"服务等，决定他们不能完全替代。这意味着生产性服务公司具有一定的市场力量，当然这种市场力量相对有限，不像完全垄断那样强大。此外，除了金融和电信等一些国家的垄断服务行业外，生产性服务业在很多方面与充分竞争的行业非常相似，但并不像完全竞争行业那样自由进入和退出，而是也存在一定的进入壁垒。生产性服务业通常是人力资本和知识资本的高度集中，因此获得生产性服务所需的各种专业知识通常需要大量专业的初始投资。尽管提供服务的边际成本相对较小，一旦投资形成，它就会成为沉没成本。因此，规模经济在这个行业中起着非常重要的作用。另外，由于生产性服务高度差异化，很难建立新的业务，而且生产性服务的实证产品特征也使新企业相当困难。

第四章　我国现代服务业生命周期演进的阶段性分析

改革开放以来，我国服务业发展迅速，产业规模快速增长，在国民经济中的比重持续上升。特别是进入 21 世纪以来，根据世界经济发展的成功经验，结合我国经济建设的实际情况，制定了一系列鼓励和支持现代服务业发展的政策建议，大大调动了服务业企业和社会各方面的积极参与性，促进了服务业尤其是现代服务业的发展，尽管如此，我国现代服务业的发展与发达国家仍存在较大差距。

第一节　经济服务化背景下我国现代服务业发展的重要意义

服务业发展能够进一步促进市场经济发展，优化社会资源的配置，提高一国的就业率。现代服务业是衡量生产社会化程度和市场经济发展水平的重要指标，也是当今世界经济增长的重要推动力。加快现代服务业发展，对落实科学发展观、促进国民经济不断向好发展、全面推进社会进步、打造和谐社会、建设创新型国家等重大国家战略具有重要的现实意义和深远的历史意义。

第四章 我国现代服务业生命周期演进的阶段性分析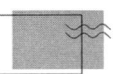

一、发展现代服务业促进了经济发展方式的合理转变

我国经济增长在很长一段时间内呈现出粗放式发展特征,伴随生产力逐步向前发展,出现了加快转变经济发展方式的新形势和新要求,因此必须大力发展现代服务业,充分发挥其在推动经济发展转型升级中的作用。这主要是由于现代服务业的三方面特性决定的:一是现代服务业具有拉动消费和创造需求的特点,可以突出消费在促进经济增长中的地位,使现代服务业的发展从依靠投资、出口拉动向依靠消费、投资和出口协调方向转变,进而促进经济增长;二是现代服务业的新兴业务正在陆续出现,作为软性生产要素,服务越来越多地进入生产领域,这必将有助于促进经济结构调整,通过行业协同由原来的主要依靠第二产业向依靠第三产业方向转变,进而促进经济增长;三是现代服务业具有知识要素密度较高、产值附加值大、资源消耗低、环境污染小等特点,通过发展面向第一、第二产业的专业服务业,可以有效提高其他产业的环境保护效率,减少对自然资源的依赖,减少对环境的破坏,由主要依靠增加物质资源消耗向主要依靠科技进步、劳动者素质提高和管理创新转变,不断增加消费来促进经济增长。

二、发展现代服务业推动了国家科技体系不断创新

现代科技创新活动不再是单一创新,而是日益需要全过程服务,主要包括研发外包、中介服务、市场服务、投融资服务等。因此,现代服务业的发展和创新对于我国建设创新型国家并提高自主创新能力具有非常重要的意义。

现代服务业的发展程度对企业的技术进步和创新具有直接的决定性作用。研发、产品设计和品牌策划等生产服务行业组件已广泛融入现代

工业和制造业。现代服务业的发展在一定程度上决定了工业企业的技术进步和创新能力。

现代服务业的发展可以有效提高整个科技创新体系的运行效率。金融服务、技术服务和专业服务作为现代服务业的重要组成部分，可以向社会和企业提供行业咨询、科技信息、工程设计、技术孵化、软件增值和知识产权等服务，直接服务各种技术创新主体，有利于整个科技创新体系的正常运行。

现代服务业中的营销服务不仅可以引发市场需求，还可以创造市场需求的功能，对公司的市场需求导向型创新活动产生重大影响。

三、发展现代服务业加快了先进制造业体系的构建

现代服务业，特别是生产性服务业的发展是提高制造业劳动生产率的前提和基础。没有发达的现代服务业，就不可能形成具有强大竞争力的先进制造业体系。生产性服务业的发展为制造业发展提供了良好的环境平台和服务支持，已成为提高现代制造业生产效率和竞争力的重要途径。电子商务服务能够对企业的生产、营销和管理产生深远的影响；人力资源服务可以为制造业发展提供高质量的人力服务；物流服务可以为制造企业发展提供高效的原材料、零部件采购和供应以及产品分销；管理咨询服务通过加快企业对市场需求的响应速度，促进产品设计创新和流程管理模式的创新。近年来，传统意义上的制造业和服务业尤其是生产性服务业之间的界限越来越模糊，制造环节在信息技术的支持下，在工业产品的增值构成中，纯制造环节的比例越来越低，而研发设计、产品营销、电子商务、会计审计等专业化生产服务和中介服务的比重不断增加，已成为提高企业竞争力和经济效益的主导因素。制造业竞争力越来越依赖服务水平的高低，服务作为提高产品附加值的重要竞争手段，其先进性能够对制造业的竞争力产生深远影响，因此，制造业的发展已

经呈现出"制造服务"的趋势。机械和电子设备制造公司不再仅销售产品，而是提供包括电子控制、信息系统、软件包、操作程序和维护服务的产品。因此，一个完整的服务系统中，许多制造公司反过来也是为服务业发展提供服务的服务公司。与此同时，信息技术改变了部分服务难以存储、生产和消费的特征，生产者和消费者不再需要直接接触便可以传递服务，大量服务继续产品化，很难判断具体界定产品和服务之间的界限。

四、发展现代服务业提升了综合国际竞争力

加快发展现代服务业是抓住全球服务业结构调整和战略转移机遇、提升综合国际竞争力的战略举措。在经济全球化的背景下，国际贸易、投资金融和区域合作在服务业发展中的国际化直接反映了国家对外开放的程度。面对激烈的国际竞争，谁能在这些领域赢得优势，谁就能得到发展。就国际贸易而言，我国的服务贸易逆差正在增加，这反映出我国服务业提供服务和需求的能力之间的差距越来越大。因此，加快现代服务业的发展有利于培育我国工业服务贸易的核心竞争力，可以扭转我国服务贸易逆差，增强其在服务业国际贸易中的竞争优势。此外，加快现代服务业的发展，也有利于把握全球产业转移从制造业到服务业的历史机遇，尽快发展和扩大我国现代服务业的发展规模，进一步促进我国服务品牌化策略的发展，顺应国际国内发展趋势和潮流。

五、发展现代服务业推进了经济社会和谐发展

现代服务业的快速发展有利于形成较为完备的服务业体系，同时也可以更好地解决民生问题，是促进社会和谐、全面发展以及建设小康社会的内在要求。加快发展现代服务业，尤其是发展教育、文化娱乐和医

疗保健、信息服务业、公共服务业等现代服务业能够为人们提供更多更好的教育服务产品、现代媒体产品、文化艺术产品、旅游产品和公共服务产品，同时提供的服务有个性化、便捷化和信息化的优势和特点，可以更好地满足人民群众日益增长的物质文化生活需求，改善人们的生活环境，进而逐步提高人们的生活质量和水平。与传统服务业相比较，现代服务业具有劳动密集和知识密集并存的特点，可以发展成为缓解就业压力的主渠道和重要途径。现代服务业分工更为细化、门类更为繁多，其发展过程中不仅新开辟了许多就业渠道，提供了大量不同层次的就业岗位，更重要的是提供了大量的创新创业机会。近年来，新兴服务业中的服务外包业和电子商务业是典型代表，这些新兴服务业能够为高中低段不同层次的人群提供大量的新就业岗位和创业机会，可以逐步缓解人口就业压力，提升人力资源水平。

目前，我国服务业已经发展成为吸纳劳动力就业的主要渠道。1990~1999年，我国服务业创造新增就业7160万人，平均每年吸收就业近800万人，该数字是同期工业和建筑业的近3倍。1995~2000年，我国服务业在总就业人数中的比重从24.8%上升到27.5%，仅5年时间提高了2.7倍。据世界银行统计，1980~1990年，我国农业、工业、服务业年均增长率分别为5.9%、11.1%、13.7%，服务业增长率排在第一位；1990~1998年，农业、工业、服务业的年均增长率变为4.3%、15.4%、9.3%，服务业居第二位。从我国统计年鉴早前的数据中也能够看出服务业的比重日益提高，1986~2000年，我国农业增加值年均增长率为3.7%，工业增加值年均增长率为12.3%，服务业增加值年均增长率为9.3%，服务业仅次于工业。截至2000年，我国服务业全年完成增加值达29704亿元，在我国GDP中所占的比重也已由改革开放初期的23.7%上升到33.2%。特别是在对我国GDP增长的贡献率上，2000年我国服务业贡献率为28%，比1995年高出近5个百分点。这些数据说明我国产业发展格局正在发生转变,长期以来我国经济主要依靠工业为主带动的局面正在逐步改变为由工业和服务业共同带动增长的新格局。

在我国服务业发展的过程中,现代服务业的作用日益凸显,也有了长足的发展,主要表现在现代服务业在服务业中的比重不断提高。如房地产、旅游、卫生、科技、金融、电信、教育、保险等现代服务业,都是我国1978年改革开放以来发展速度较快的部门。1978年改革开放初期,金融保险业在我国服务业增加值中的比重只有9.0%,但到1998年该比重已升至18.6%。2000年末,我国金融机构各项贷款余额规模达9.9万亿元,各项存款余额12.4万亿元,分别实现了在"九五"期间年均增长14.5%和18.1%。截至2000年,我国证券市场的上市公司已经超过1000家,市价总值高于48000亿元。值得注意的是,截至1999年我国已经有保险公司28家,保险业的从业人员已经达到35.8万人。

近年来,我国现代服务业中最突出的产业是信息服务业。我国公共计算机互联网正式开放以来,无论是电话用户普及率还是计算机使用率,已经基本实现全覆盖。我国房地产业的快速发展也是非常具有代表性的,房地产开发经营的总收入以及房地产开发企业的数量与日俱增。此外,我国旅游业也进入了发展的黄金时期。无论是从旅行社数量还是全国旅游人数以及旅游业的国内外收入和个人的旅游习惯来看,旅游业的发展突飞猛进,同时也带动了交通运输业的快速发展。

第二节 我国现代服务业在国际中的水平

虽然近年来我国现代服务业有了长足发展,但是与世界发达国家乃至与我国经济水平相近的发展中国家相比,发展水平仍然处于落后阶段。

从发展速度看，与我们国家发展速度相近的发展中国家近年来的第三产业发展速度远远高于我国，现代服务业在我国国民经济中的总体地位有待提高。印度、约旦、菲律宾、印度尼西亚、牙买加等许多人均收入接近或低于我国的发展中国家的服务业比重都高于我国。

我国现代服务业处于发展的初级阶段，与外国尤其是发达国家的服务业发展水平差距较大。金融、保险、房地产和商业服务等现代服务业增加值占GDP的比重低于批发、零售和餐饮业的水平。尽管我国的卫生、体育和社会福利事业20世纪90年代以来增速明显，但在服务业总增加值中所占的比重却呈下降趋势。此外，现代物流业在我国的发展还不成熟。在服务业的就业结构中，我国现代服务业的发展不是处于主导地位。我国服务业的就业仍然主要集中在批发、零售和餐饮等传统服务业，新兴服务业的发展由于受到劳动力水平的制约，比重不大，而且有区域差别的趋势，北京、上海、广州、深圳等一线城市的新兴服务业发展较为迅速，就业层次也相对较高。

第三节 我国现代服务业的发展特点

一、我国现代服务业的发展已经呈现出多元化的所有权模式

近年来，我国经济体制和服务业管理体制改革不断深化，服务业绝大多数行业的限制和壁垒已经被打破，逐步为民营企业和公共事业的发展创造了更加宽松的政策环境，大力发展非公有制服务经济。我国从事服务业的私营法人单位以及从业人员数量不断增长，国有、集体、私营、外资等混合所有制在服务业经济发展过程中已经形成了以公有制为主体、多种经济成分共同发展的新格局。

第四章 我国现代服务业生命周期演进的阶段性分析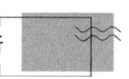

二、我国现代服务业的发展规模迅速扩大

近年来,我国借鉴国际现代服务业的先进发展经验,结合我国经济建设的实际,制定了一系列鼓励和支持现代服务业发展的政策。从中央到地方各级政府都采取针对性措施,极大地调动了社会各界的积极性,加快促进现代服务业的发展。服务业发展规模日益增大,对经济的贡献也日益提高。

三、我国现代服务业的开放程度不断提高

近年来,投资我国现代服务业的外国投资者、港澳台投资公司都呈现出快速发展态势。随着我国现代服务业对外开放的进一步加快,国际服务贸易大幅增加。我国服务贸易在世界服务进出口贸易中的排名也稳步增长,现代服务业内部结构的转型升级促进了新兴服务业的快速发展。

四、我国现代服务业的投资明显增长

在我国现代服务业发展政策措施不断落实的过程中,交通、仓储、邮电、房地产、教育、卫生、体育、城市建设等领域的投资稳步增长,其中涉及的固定资产投资增长较快,科学技术以及信息服务在服务业中的应用已显著加快。伴随着服务业投资规模的不断增大,服务业发展对经济发展的贡献也越来越大,并呈现出知识性、信息性以及科技性等特点。

综上所述,随着科学技术的迅速发展,特别是信息技术和人民生活水平的不断提高,信息传输、计算机服务和软件、房地产、租赁和商业服务、专业技术服务、技术交流和推广服务、新闻出版、证券、保险、

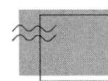

航空运输、公共设施管理、社会保障、体育和娱乐等新兴服务业正在迅速发展。信息传输、计算机服务和软件行业、租赁和商业服务、科技交流和推广服务以及就业人数的单位数量日益增多,在服务业发展中新兴服务业的占比也大幅增加。但是,从服务业的发展水平看,我国的区域发展差距很大,主要呈现四个特点:一是区域差异巨大,主要表现在东西方差距明显,一线城市发展较快,东部地区发展较快。二是中西部地区新兴服务业的发展水平与经济水平不一致,中部地区如山西省和内蒙古自治区新兴服务业的发展水平较低,特别是山西省,其指标甚至低于西部的青海和宁夏。三是东西部省份服务业增加值占比差距不明显,大多数省份的比例约为40%,但中部地区部分省份的服务业比重很低。其中,河南省是全国现代服务业比重最低的省份,比广东省低近10个百分点。四是地区服务业就业差异较大。从服务业就业率来看,北京、上海、天津相对较高。我国大部分地区服务企业的所得税税率较低,说明服务业的经济效益有待进一步提高。

第四节 我国现代服务业发展的生命周期判定

根据生命周期演化与现代服务业发展阶段判定中所选择的一般性指标——现代服务业增加值占GDP的比重,结合不同年份下我国现代服务业总体增加值占GDP比重的变化情况(见图4-1),由服务业生命周期阶段划分标准可知,该数值由1990年的32.4%上升到2000年的39.8%,处于初始期;2000年起直至2017年该值一路攀升至51.6%,由此判定我国现代服务业生命周期阶段已进入成长阶段,即加速发展期。

从我国现代服务业阶段性发展历程中可以看出,其增加值呈现大幅

第四章　我国现代服务业生命周期演进的阶段性分析

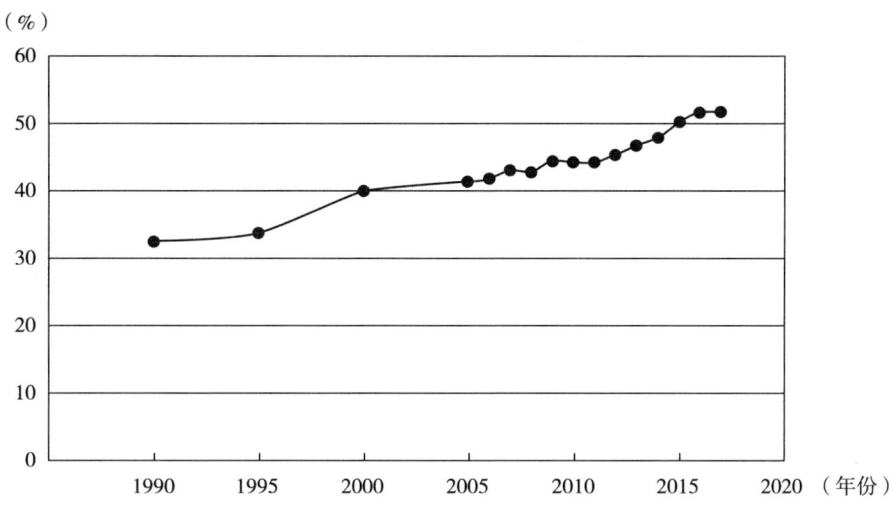

图 4-1　我国现代服务业增加值占 GDP 比重变化

翻倍上升趋势，随着我国工业化和城市化程度的不断提高，制造业内部专业分工的细化和扩展以及城市服务功能的强化，将带动现代服务业在一些中心城市的发展。我国是世界上人口最多的国家，庞大的国内需求使我国的现代服务业得到了快速发展。人口众多为现代服务业的发展创造了得天独厚的条件，提供了广阔的发展空间。在全面建设小康社会的过程中，我国的经济水平、居民收入、消费结构和城市化进程都将实现跨越式发展，形成巨大的服务需求和服务业市场。与此同时，随着我国城市化进程的加快，更多的农村人口转变为城市人口，相应的生产和生活方式也从农村向城市转变，快速扩张的城市规模和城市人口也为我国现代服务业的发展提供了良好的基础。世界上许多国家的中心城市都将现代服务业视为产业发展和升级的重要方向，因为现代服务业的转型和升级是提升城市竞争力的重要举措。各级政府不断加大支持力度，积极创造环境，出台优惠政策，促进现代服务业发展，中心城市现代服务业的快速崛起必将提升其在国民经济中的地位。

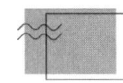

现代服务业已成为我国对外开放的重点领域，我国现代服务业在发展过程中逐步扩大开放度，已经发展成为继续吸引外资的一个新热点。服务业的跨境流动能够产生明显的示范和带动作用，从而提高我国现代服务业的技术水平和竞争力。良好的国际合作空间为我国现代服务业的发展提供了更加宽松的环境。作为"服务贸易总协定"的签署国，我国能够享受其他国家提供的同样待遇，同时逐步向其他缔约国开放服务市场，并提供非歧视性的最惠国待遇。在不断开放的过程中，与他国开展国际合作的空间越来越大。市场化改革的深化和竞争的加剧将加速现代服务业的发展。放松对服务业垄断行业的控制，可以为培育多元化竞争实体创造条件。近年来，日益加剧的服务业之间的竞争使现代服务业发展中的服务质量越来越高，服务价格越来越低，技术进步日益加快。竞争也加剧了服务贸易的发展。经济全球化和日益细致的分工促进了对外贸易的发展，整个世界对服务贸易的需求也在增加。服务贸易发展越来越快，世界贸易比重将继续增加，服务贸易范围也将多样化和扩大化发展。目前，服务贸易在国际贸易中的地位越来越重要，具有广阔的发展前景，世界各国都在采取各种措施，鼓励国内服务贸易的对外发展。竞争的加剧将成为未来世界服务业贸易发展的大趋势，这不仅使我国服务业面临前所未有的挑战，也为我国提供了超越先进国家的难得机遇。

信息产业近年来也呈现健康发展态势。我国现代服务业的发展一直以来都有赖于信息产业和信息技术的有效支撑。我国信息产业的持续健康发展将直接推动相关服务业的发展，预计未来一段时间内，我国通信业的发展速度将保持不变，业务结构将更加多元化，新业务也将迅速发展。我国软件业也一直保持快速增长势头，这将有力地推动计算机和软件服务的发展。

第五节　我国现代服务业发展滞后的原因分析

与世界发达国家相比，我国现代服务业发展滞后的原因有很多，但总的来说，主要有以下四个方面：

首先，现代服务市场体系发展水平低，缺乏竞争。我国的市场化改革起步较晚，与成熟的市场经济国家相比，目前的市场化程度仍然较低，竞争不充分。这种情况在现代服务业中尤为突出。由于在传统的计划经济体制下，"大而全""小而全"的现象十分普遍，许多社会服务功能被企业"内置"。虽然经过多年改革，"大而全"和"小而全"的现象已经减少，但这些现象还没有完全消除。同时，由于一些现代服务业的行政色彩沉重，行业对人的限制更多，人为地抑制了现代服务业的发展。

其次，人们思想观念跟不上。长期以来，我国的现代服务业一直受制于政策歧视，纯粹是消费行业。现代服务业的许多领域被视为非生产性活动，有些领域应被视为商业运作领域，却按照公益性和福利性的事业来处理。例如，在教育、科研、文化和体育等行业，政府过分关注其公益功能；对于邮电、金融、广播和电视等行业，政府过分强调其作为政府管理经济和意识形态的职能；对于医疗保健、住房和城市交通等行业，则过分关注其社会福利的功能。事实上，现代服务业在发展过程中的商业性质和社会公益与福利性质都很重要，其商业性质的功能没有被充分认知。

再次，我国居民的人均收入水平较低，尤其是农村居民的收入水平不高。居民对现代服务需求的增长与居民收入水平的增长密切相关。当居民人均可支配收入越高时，人们对现代服务业的需求程度就越高，但是相比城镇居民的人均收入水平,农村居民人均收入水平较低,而低水平的居民收入很难支持现代服务业的快速发展。城镇人口虽然人均收入水平相对较高,但是我国城市化水平低,城市规模小,但与世界城市化水平相比,差距较大。现代服务业规模与城市规模呈正相关,因此,我国城市化水平低,严重影响了我国服务业的发展。

最后,现代服务业统计过于复杂。现代服务业具有服务内容庞杂、覆盖面广、数量众多、服务项目新兴的特点,现代服务业统计比其他行业更难。就我国的情况而言,由于统计条件相对较差,可供投资的人力和财力有限,技术准备不足。因此,服务业的统计数据特别薄弱,缺失价值和统计不完整的现象非常普遍。

综上所述,我国现代服务业的落后从多方面限制了我国的经济发展,限制了我国的资本积累速度、人力资本增长、资本利用效率、技术创新水平以及有效的市场发展空间的开拓。

第六节 我国现代服务业对经济发展的贡献

在全世界经济服务化背景下,现代服务业已经成为推动国民经济增长的主要动力之一和扩大社会就业的主渠道,现代服务业的持续稳定增长,对我国经济社会发展也产生了重要影响。

最主要的贡献是促进了经济的稳步快速增长。我国服务业增长对GDP 增长的贡献率日益提高,第一产业和第二产业对GDP 增长的相应贡献率呈现出不同程度的下降趋势。这表明主要依靠第二产业推动经济增长的情况从长远来看逐渐发生了变化,第一产业和第二产业对国民经济增长的拉动作用趋于减弱,第二产业和第三产业共同促进国民经济增长的新格局逐步形成。与此同时,现代服务业的快速发展促进了市场的

第四章 我国现代服务业生命周期演进的阶段性分析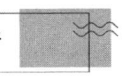

发展,提高了国民经济的整体经济效率,缓解了资金和资源供需矛盾,为第一产业和第二产业的优化升级创造了良好的环境和条件,促进了国民经济各行业的协调发展。

从增加就业的角度看,现代服务业功不可没。现代服务业在发展过程中除了吸收大量新的就业外,还接受了大量的农村转移和那些被解雇的第二产业从业者。服务业引导就业无论从广度还是深度,都有其自身特点,其既能够吸收人力资源水平较高的高层次人才参与就业,也能够吸收低端劳动力加入基础服务的队伍中去,是对就业的较好的全方位吸纳。

随着现代服务业的快速发展,其发展的规模在不断扩大,在国内生产总值中的比重也逐步提高,在改善人们生活水平上有巨大贡献。服务业的发展,不仅大大增加了城乡居民的收入,而且为家庭服务、医疗服务、交通运输、文化教育、娱乐、住房等消费提供了更多的模式和更好的服务。它大大改善了居民的生活条件,逐步满足了人们除了衣食住行以外的需求,以及更高的精神文化生活需要和娱乐等。近年来,随着我国人民生活水平的不断提高,在医疗、交通、通信、文化教育、娱乐、旅游、美容等方面的支出日益增多。

现代服务业的发展也使人民的素质日益提高。近年来,教育作为现代服务业的重要产业备受关注。随着我国大学及以上学历人口占总人口的比重越来越高,我国人才的质量和社会文化水平均有显著提高。同时,职业技术教育也发展迅速,培养了一大批专业人才。此外,职业技能培训也取得了长足进步。

第五章　辽宁省现代服务业生命周期演进的实证研究

第一节　辽宁省现代服务业发展现状分析

一、辽宁省现代服务业发展现状及特点

目前，辽宁大部分地区已进入工业化创新驱动转型、城市化进一步加速、更加深入地加入经济全球化和国际化的关键时期。加快现代服务业的发展速度是实现先进制造业和现代服务业共同发展，形成协调发展新格局，并拓展更多新的发展空间的必要前提。

据调查，近几年辽宁省现代服务业发展速度非常快。据统计分析，截至2009年，服务业增长值5828亿元，高达12.0%，是近十年来的最高增速，超过全国3.2个百分点。把东北设为立足点，以沈阳、大连等地区为核心发展对象，形成面向全国服务的东北现代物流中心。经过"十一五"期间交通物流业的建设和完善，加速了辽宁省物流基础设施、物流建设、物流信息三大体系建设。

辽宁省委员会及辽宁省政府机关将发展现代服务业定位为振兴东北地区老工业基地的首要目标。为了达到此目标，在不断改善传统服务业

的同时,坚持以生产、生活性服务业为主,其他相关部门现代服务业协调发展为辅,把加快现代服务业的发展速度作为产业结构调整的起点,共同促进经济发展的最终立足点,加强新兴服务业的发展。通过强化政府机关的大力支持、激活城市经济、创建更多服务类机构等措施,全面提升辽宁省现代服务业发展质量及发展速度,使辽宁省服务业得到长足发展。

现代服务业与传统服务业的不同之处是两者各自具有独有的特点。现代服务业的特点即"三高三低"。"三高"即高技术含量、高附加值、高知识含量;"三低"即低能耗、低污染、低物耗。我国于1985年开始引入服务业概念,而这个概念正式被采用是在1997年。目前,我国大多数城市的传统服务业增加值比重高达80%,而邮电通信、金融保险等现代服务业仅占服务业总增加值的10%。总体来说,近几年辽宁省服务业发展情况较为明朗,服务业增加值所占比重为生产总值的40.18%,但需要高技术含量的技术密集型服务业发展趋势仍不理想。

二、经济服务化背景下辽宁省发展现代服务业的必要性

21世纪初,经济服务化已成为经济全球化的一个显著特征。在经济服务化和科学技术不断进步的影响下,许多正处于从工业经济向服务经济转变阶段的国家,现代服务业也在高速发展。先进的现代服务业能够为发展新技术产业营造良好的创业氛围,也可以为快速发展现代制造业提供物质保障。另外,一个地区社会经济可持续发展的重要保证的不可或缺因素之一就是现代服务业与工农业的互动并进。不管人们谈论知识经济也好,服务经济也好,或软性经济、信息经济、网络经济等,都包含有经济生活的服务化变革这样一层含义,这是人类社会日新月异的发展所必然产生的一种现象,是整个社会生产力水平提高的必然结果。

经济服务化的主要特点是:①生产的软化。软化的概念源自电子计

算机中硬件和软件的提法。人们通常把各种机器设备的投入称为硬件，而把技术、信息、知识的投入称为软件。生产软化是指生产过程中所投入的服务成分或软件的成分比重加大。这促使人们在生产过程中更加注重技术、信息、知识的价值，而这些价值一旦得到应用，产生的生产力，会比物质资源产生更为可观的价值，从而推动了生产过程的软化。现在许多企业普遍重视软件的投入，正是生产软化的反映。②生产的服务化。生产过程中的服务行为是企业创造价值的主要来源之一。服务生产与工农业生产始终是在相互作用和依赖的过程中进行的，而且它们中间的服务成分已构成商业和生产系统中最核心的部分。如现在制造商送货和售后服务系统包括物流系统可能远远超出产品的生产成本。③服务的产业化。经济服务化最深刻的变化是在生产过程中许多原来没有分离的辅助劳动在社会化分工的冲击下逐渐独立化、社会化和产业化。④服务的国际化。货物贸易自由化、国际投资自由化和跨国公司的跨国经济活动越来越普遍，使全球化服务分工越来越系统化和专业化。服务贸易发展水平是衡量贸易强弱的一个重要标准。当今贸易首强美国，每年的货物贸易逆差数近千亿美元，但服务贸易顺差几百亿美元，可谓"失之东隅，收之桑榆"，货物逆差服务补，不仅节约了资源，而且还保护了环境。

经济服务化的过程中，由于产业结构在新科技革命的推动下依次提升，产业重心向服务业转移，使世界产业结构发生了大规模的调整。与此相适应，服务业的发展越来越专业化，规模也日趋扩大。目前，美国、日本、欧盟等发达资本主义国家和地区已经实现了经济结构的服务化转型，并抢先尝到了服务化所带来的好处。目前，美国 3/4 劳动人口与日本近 2/3 的劳动人口投身于服务业。据统计，上述国家的国民生产总值中，第三产业的产值均已突破 60%，有的国家达到了 70% 以上，由工业经济转变为服务经济加上服务产业的发展越来越专业化和规模化，为服务业提供了广阔的发展空间,许多服务业的创造发明对经济发展的影响比制造业的发明更深、更广,带来更大的利益。美国仅金融业一项就占其国民生产总值的25%,从中可以看出服务业在美国经济中所占的分量。日本在20世纪70年代受到中东石油危机的猛烈冲击,整个国民经济呈现低迷滑坡的景象,但日本凭借其服务业发展的优越条件,迅速摆脱了生产停滞的困境,可以说服务业的发展是促使日本经济走出困境的主要因素。

在当前形势下,辽宁省应该把发展现代服务业作为转变经济发展模式的一个必要前提,深入贯彻科学发展观、加快经济发展方式的转变速度、走创新型工业发展道路可提高现代服务业的发展效率。现代服务业的有效发展作为城市经济发展的原动力,可以推动中心城市的经济发展。市场调节对服务经济的发展起到决定性作用,作为市场经济条件下产生的新经济形态,在受到市场调节作用的同时也受到国家宏观调控的影响。因此,政府要充分发挥其职能,组织社会主义经济建设、加强社会建设,努力营造出良好的市场环境。目前,就业难已经遍及全世界,而大力发展现代服务业是缓解就业现状的一个重要渠道。由于现代服务业对劳动力的依赖性较大,对劳动力的需求量也在不断提高,因此,大力发展现代服务业成为解决就业困难的一个重要方法。加快现代服务业发展,可以在缓解就业压力的同时保持社会安定。

三、辽宁省现代服务业存在的问题与局限性

(一)现代服务业的总体规模及比重偏小

现代服务业相当于一把经济标尺,其所占比重是衡量一个地区经济发展水平的重要标准,反映了各地间存在的差异性。可以根据它在经济总量中所显示的比例大小,来判断一个国家和地区经济发展水平及其结

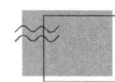

构。英国、日本、美国等发达国家的现代服务业所占比重已高达经济增长总值的75%以上。我国的发达地区，如广东、上海、北京、浙江等地区的现代服务业比重也达到了相对较高的水平，分别为42.9%、53.7%、73.2%、41.0%。和其他较为发达的地区相比，辽宁省现代服务业发展水平依旧较低，经济发展结构仍待完善。

（二）现代服务业发展不平衡

辽宁省各地区的现代服务业发展水平差异较为明显。就辽宁省而言，沈阳、大连属发达地区，从绝对量上来看服务业增值最为突出，两市的服务业增长值已经超过了辽宁省服务业增加值总量的一半，占71.5%。与之相比，其他地区的服务业发展水平仍比较落后。其中沈阳市处于领先地位，其服务业增加值为1742亿元。处于末尾的阜新市的增加值约为88.21亿元，两地相差了近20倍。

（三）生产性服务业等高端服务业发展不足

辽宁省现代服务业的内部结构与其他发达地区的不同之处就是，在辽宁省现代服务业领域，占主导地位的是消费性服务业，而现代生产服务业占次要地位，如金融、物流、通信等，占服务业的比重为34%、占GDP的比重为12.5%。在现代服务业行业里，电子信息技术等高技术含量的应用量较少、水平比较低，这对辽宁省工业发展影响甚大，不仅削弱了为辽宁省升级制造业的能力和提供科技服务的能力，而且金融保险业等生产性服务业作为现代服务业核心也并没有充分发挥其作用。从不同角度看待现代服务业发展，结果也有所不同。例如，站在世界经济角度，在现代服务业内部结构中的生产性服务，如金融、保险、通信、中介咨询服务的比重呈不断上升趋势，并逐渐成为主流，占主导地位，在主要工业国已达50%以上。随着现代服务业的销售额和利润额比重不断增加，许多跨国公司也依次由制造业为主营业务的模式向服务业为主营业务发展和转移。

第二节 辽宁省现代服务业生命周期演进的阶段分析

按照现代服务业的性质与功能性，本书在分析过程中主要从现代服务业中的流通性服务业、生产性服务业、个人服务业三个类别进行阶段性分析。分析过程中，鉴于数据的可获得性，流通性服务业主要包括交通运输业、仓储业、邮政电信业、批发业及零售业；生产性服务业主要包括金融业和房地产业；个人服务业主要包括住宿和餐饮业。从生命周期演进的角度来看，流通性服务业、生产性服务业、个人服务业各自的发展规律也各有不同。在总结各类型服务业阶段性演化特点的基础上，可以得到现代服务业发展的具体生命周期演化规律。

一、辽宁省三大类现代服务业发展的阶段性演化

（一）辽宁省流通性服务业的阶段性演化

流通性服务业作为辽宁省现代服务业的主要组成部分，是带动辽宁省国民经济和社会发展、满足工农业生产和人民群众生活需求的先导性支柱产业。改革开放以来，辽宁省流通服务领域取得了令人瞩目的成就，流通服务业在引导生产、扩大消费、活跃市场、增加就业、拉动经济增长、提高人民生活质量等方面发挥了重要作用。但是，目前辽宁省流通服务领域还存在企业规模小、信息化程度低、管理法规不健全、流通设施不完善、市场竞争力不强等问题。党中央、国务院做出振兴东北地区等老工业基地战略决策，明确要求把大力发展流通服务业作为老工

业基地产业结构调整的重要内容。为支持老工业基地振兴,国家有关部委确定辽宁省为全国深化流通体制改革试点省份。

根据图5-1可以看出,2005年至今,辽宁省流通性服务业主要以批发和零售业为主。

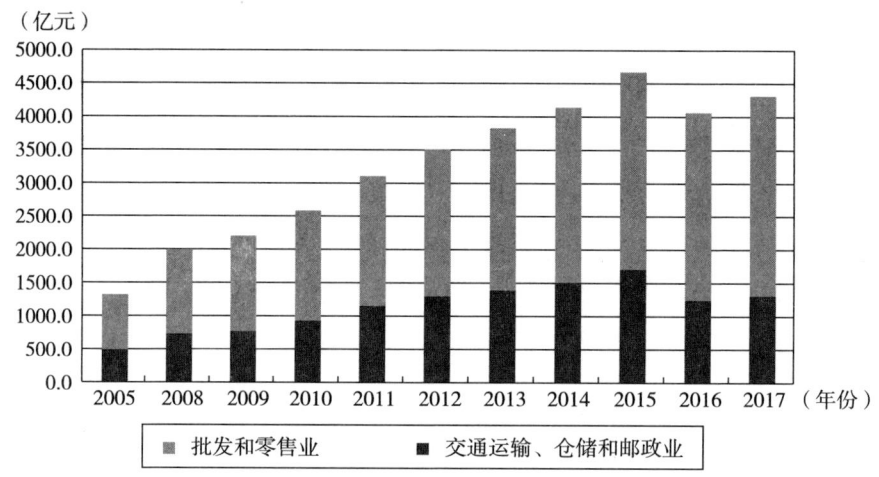

图5-1 辽宁省流通性服务业发展趋势及构成

2015年辽宁省流通性服务业出现峰值。如图5-2所示,近年来,辽宁省流通性服务业增加值占GDP的比重呈先降后升的趋势,由2005年的16.2%降至2011年的13.9%,至2016年则增长至18.6%,后又有所回落至2017年的18.4%。可以看出2013~2017年,辽宁省流通性服务业发展迅猛,在全省GDP比重大幅上升。

(二)辽宁省生产性服务业的阶段性演化

生产性服务业近年来虽然有了长足发展,但是占辽宁省GDP比重不高,主要是近年来,辽宁是从企业分离出生产性服务业,原来生产性服务业都是企业内部的企业,只为本企业服务,发展空间受限制,分离以

第五章 辽宁省现代服务业生命周期演进的实证研究

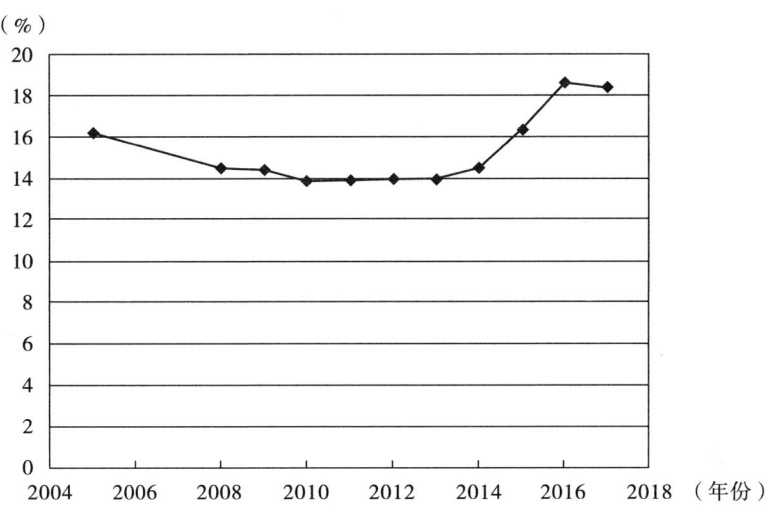

图 5-2 辽宁省流通性服务业增加值占 GDP 比重变化

后规模与数量相对少。生产性服务业大多数是制造业的辅助性活动，依附性强，属于被动性服务，缺乏研发设计，不能为制造业的更新升级提供技术支持，限制了服务业与制造业的互相融合和创新。根据图 5-3 可知 2005~2017 年，辽宁省生产性服务业的发展主要以金融业的发展为主，呈不断上升的趋势。

辽宁省生产性服务业增加值占 GDP 的比重一直呈现逐步上升的态势。2005 年辽宁省生产性服务业增加值占 GDP 的比重为 6.03%，2011 年辽宁省生产性服务业增加值占 GDP 的比重为 7.32%，至 2017 年该值增长至 13.23%（见图 5-4）。从不断攀升的比重可以看出，随着生产性服务业发展水平的不断提高，生产性服务业已在现代服务业中占有较大比重。本书细分了生产性服务业和流通性服务业，不同于其他研究中大多将流通性服务业中的内容直接计入生产性服务业范畴，而现实发展中，辽宁省的信息传输业、软件业与计算机服务业也是其生产性服务业

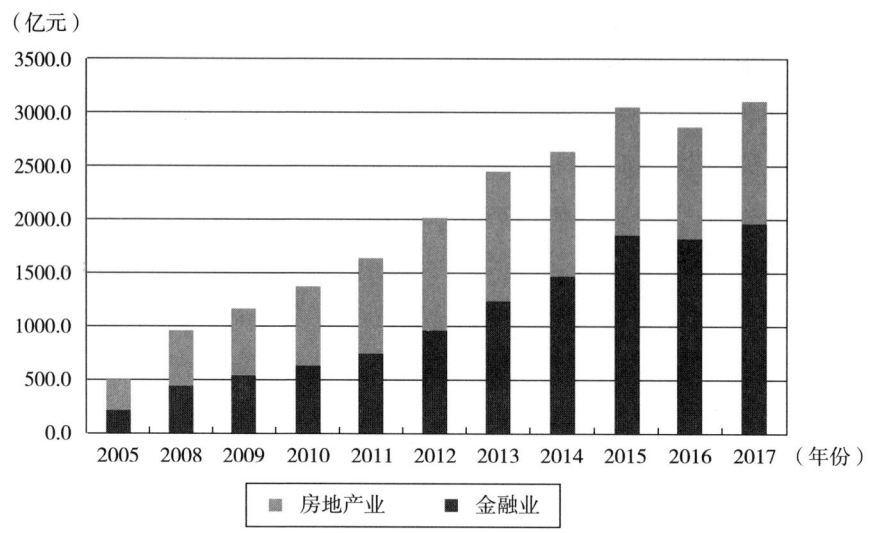

图 5-3 辽宁省生产性服务业发展趋势及构成

发展的主要贡献力量。鉴于数据的不完整性,本部分未将其计入辽宁省生产性服务业范畴。

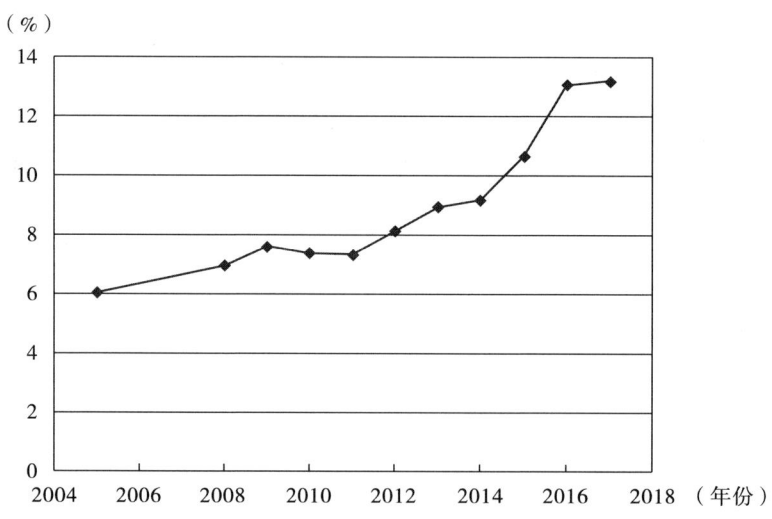

图 5-4 辽宁省生产性服务业增加值占 GDP 比重变化

(三) 辽宁省个人服务业的阶段性演化

近年来，随着经济发展水平的不断提高，消费对拉动经济增长的作用日益明显，辽宁省已进入消费需求加速增长、消费水平逐渐提升、消费结构快速优化的重要时期。但与快速增长的服务消费需求相比，辽宁省个人服务业的发展还相对滞后，对消费升级的支撑作用不强。

辽宁省个人服务业的发展以住宿和餐饮业为主要代表，2005~2017年个人服务业呈不断上升的趋势，由180.8亿元增加到476.9亿元，增加了1.6倍。由图5-5可知，辽宁省个人服务业增加值占GDP的比重日渐上升，截至2017年，个人服务业增加值占GDP比重已经上升至13.23%。

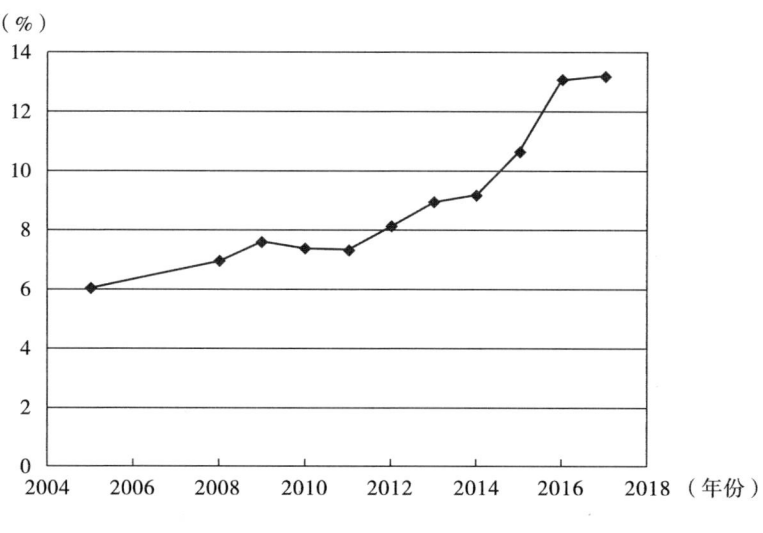

图5-5 辽宁省个人服务业增加值占GDP比重变化

二、辽宁省现代服务业生命周期演化分析

根据辽宁省流通性服务业、生产性服务业、个人服务业的阶段性演

化分析结果，结合不同年份下辽宁省现代服务业总体增加值占 GDP 比重变化情况（见图 5-6），根据服务业生命周期阶段划分标准，该数值由 2005 年的 40.8%上升到 2017 年的 52.6%，一直处于上升趋势，并超过 40%，因此判定辽宁省现代服务业生命周期阶段处于成长阶段，该阶段是现代服务业的加速发展阶段。

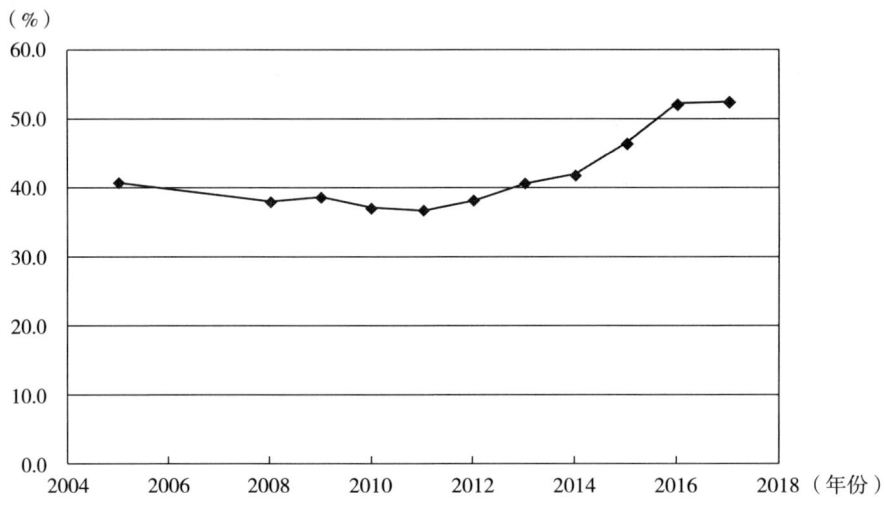

图 5-6　辽宁省现代服务业增加值占 GDP 比重变化

衡量一个地区综合发展实力的标准已成为判断现代服务业水平的重要因素。现代服务业的快速发展和相关政策的支持反映了现代服务业即将繁荣，然而，与北京、上海等发达城市相比，辽宁省现代服务业水平仍处于相对落后的阶段。教育培训跟不上现代服务业的发展，新技术、优秀管理人才和基础设施仍存在一定差距。推动辽宁省现代服务业快速发展的关键因素是：摆脱传统产业的制约，促进和传播地域文化，注重优秀人才的培养。除沈阳和大连对现代服务业的发展较为重视外，其他城市的关注度普遍较低。近年来，沈阳市采取了积极探索农村劳动力转移就业的途径，在完善服务业发展机制的前提下，支持和鼓励企业有效地培养劳动力，促进农村劳动力的蓬勃发展和有效转移，不仅在劳动力的发展中取得了显著成效，而且劳动力转移的规模也逐步扩大，从而导致劳动收入大幅增加。服务业的发展是为了促进农民增收和新农村建设，其发展起到了积极作用。特别是在农民增收困难和农村剩余劳动力带来的就业压力加大的新形势下，辽宁省应大力推进农村剩余劳动力转移，进一步扩大农民增收渠道，促进现代服务业发展。

辽宁省的主要支柱产业是机电设备、石油化工、冶金等，而我国的软件制造业和新型制造业目前有良好的发展前景。辽宁省作为中国的主要装备制造基地，为现代服务业提供"知识产权类型"的市场服务和"专业技术型"的产业服务。目前，工业化中后期升级的发展方向已转向现代化趋势，现代服务业是提升产业附加值以及服务质量不可或缺的因素。金融保险和技术服务等"软产业"的合作与推广是重工业和化工技术升级进入市场的必要前提，应把发展方向定位为新型工业化适配型现代服务业，并将现代服务业的功能定位为：新制造业的知识支持产业；能够支持和鼓励新增长阶段下的产业快速发展；能够成为资源弱势经济的新的替代产业。

第三节 辽宁省现代服务业进一步发展的影响因素

基于辽宁省现代服务业所处的生命周期阶段，可得出辽宁省现代服务业进一步发展受技术创新水平的影响和制约。辽宁省现代服务业目前对技术创新的依赖程度也比较低，同时创新的开放程度也很低。人们对现代服务业创新的需求日益增加，如今已经达到了前所未有的高度，因此，为了满足人们日益增加的需求，辽宁省各大企业及政府需研究现代服务业创新规律，并制定能够为现代服务业发展做出一定贡献的创新体系，以保障现代服务业有效发展的同时向成长期迈进，同时全面带动辽宁经济发展，提升辽宁省现代服务业的技术创新水平。辽宁省现代服务业进一步发展受以下几方面因素的影响。

一、社会因素

着力推广信息化技术和电子结算技术、大力发展信息服务业、强化对信息服务业的整体认识不仅限于我国，已经成为全球共识。为此，应采取有效措施，努力发展信息技术服务业并打造高端的服务平台，促进全省经济的快速发展。积极建设信息网络基础设施，开发利用信息资源，扶持开展系统集成、增值网络服务和数据库服务，大力培养信息化产业，如网络、通信等，同时积极加强信息传递服务。普及连锁企业、超市管理系统、加强商贸与物流企业、制造企业的信息共享平台建设，形成市场快速影响机制。另外，创造把辽宁省建设成为离岸金融基地和东北地区金融保险机构聚集地等有利于现代服务业发展的社会环境，充分发挥政府职能，积极提供政策性支持，鼓励中小企业的现代服务水平快速发展，重点发展汽车制造、装备生产等生产性现代服务业。同时加强和完善服务业统计工作，健全服务业发展的信息发布制度，加大信息化建设，提高区域信息化水平。另外也需规范信用服务业的有序发展，加强社会诚信体系建设，进一步完善个人和企业联合服务系统，加快信用制度的建设速度。

二、税收因素

结合辽宁省实况，考察其他地区有关现代服务业的税收政策，针对辽宁省现代服务业中存在的问题，对现有的相关税收政策进行归纳总结的同时对能够有效推动辽宁省现代服务业发展的税收政策进行整理,继续完善相关的税收制度,采用将服务业中各产业部门与辽宁省现代服务业的税收政策相结合、实行税收优惠政策等形式来提高服务创新效率。

三、行业发展因素

首先,应采取降低进入服务业的门槛等措施,来改善服务业竞争模式及环境。其次,注册服务类企业时,除了依据法律、行政法规等有关规定外,其他部门一概不准设置其他审批事项。支持各类资本的进入,加大各类新型企业的引进力度,鼓励国外知名超市、商场等连锁企业入驻设立营业点、开设专业店等新型商贸业态,以先进经营理念模式加快带动、提高整体水平。积极发展多元投资合作办学,支持非公有资本的参与,鼓励社会资本采取多种形式,简化连锁经营企业审批手续。

四、人才创新因素

调整服务创新人才结构,加强对人才的引进和培养、加强服务创新人才建设、加强对高级人才特别是科技设计类人才的引进力度,鼓励外来人才来本省开设中介机构、鼓励服务业人才培养和引进。积极引进现代服务业领域知名跨国公司,各地区相关部门对公司高层管理人员可据情况给予适当补贴,做好引进人员社会保障工作的同时严格把好资质从业人员进入关口,确保人员素质。

五、公共政策因素

通过全面提升公共服务业质量的同时兼顾其他服务业共同协调发展的形式,强化并完善服务创新体系的建设。例如,对非政府投资的公用服务设施给予补助支持;对新成立的具有一定规模的家政服务公司、社区服务机构、养老服务机构等给予适当补贴；对法律事务、会计事务、人力资源服务等对推动市场经济发展和提升社会服务水平有利的新引进或质量升级的中介服务给予补助支持等。重视引进新的服务理念，提升服务意识，拓展服务范围，重视民众福利、公共设施等其他服务业与现代服务业之间的协调发展。

第六章　基于现代服务业生命周期的产业政策制定与选择

第一节　政策制定目标

根据前文分析，我国现代服务业正处于成长阶段。现代服务业的市场化、社会化和国际化水平显著提高，发展方式取得突破性进展，在支持经济发展、社会进步、竞争力提升以及人民生活的改善方面发挥了非常重要的作用。在现代服务业不断向前发展的过程中，人们的满意度明显提高，从服务业大国走向服务业强国的基础更加扎实。

产业政策制定的目标主要体现在以下五个方面：

一是努力提高服务的质量效益。制定相关产业政策，可以使服务质量得到不断提高，经济、社会和生态效益得到改善。服务的可得性和便利性能够得到显著改善，努力实现服务标准化和品牌化方面的重大突破。关键领域的消费者满意度达到较高水平。

二是不断扩大服务的有效供给。在优化产业结构、提高质量和提高效率的基础上，争取十年内现代服务业增加值翻一番。不断扩大服务的有效供给，可以使现代服务业体系更加完善，产品更加丰富，供需协调性显著增强，在发展过程中，努力提高现代服务业增加值占国内生产总值的比重，争取该数值提高到60%，进而带动全社会就业水平不断提升。

三是优化现代服务业开发环境。加快现代服务业发展的基本制度更加完善，基础设施体系更加完善，政府服务和监管水平得到全面提升，努力创建统一开放、公平竞争、创新和激励的市场环境。

四是进一步增强国际竞争力。在国际分工体系中不断提高地位，逐步形成一批具有全球影响力的服务经济中心城市，形成一批具有较强国际竞争力的跨国企业和知名品牌，培育一批领军型细分市场的现代服务业企业，提高服务贸易竞争力尤其是提升高附加值服务的出口占比，逐步改善国际收支状况向更有力的方向发展。

五是增强现代服务业的创新能力。在发展过程中科技进步对相关服务业发展的支撑作用越来越强，使现代服务业的研发投入和创新成果持续快速增长。工业一体化继续深化，新的服务模式和形式蓬勃发展。服务业的信息化水平大幅提升，数字服务和数字贸易发展迅速。

第二节　政策制定原则

坚持以人为本、以人才为本的原则。坚持以人为本的发展思路，以促进人民幸福、促进人的全面发展为出发点，立足扩大服务供给，更好地满足多层次、多元化的需要。以人才为核心，加强人才队伍，提高专业素质，充分调动各类人才的积极性和创造性，有效支持现代服务业建设。

坚持市场领先、质量第一的原则。以市场需求为导向，适应消费升级的趋势，提高服务质量，充分发挥市场在资源配置中的决定性作用，更好地发挥政府作用，增强现代服务业的竞争力，公平竞争。树立质量

第六章 基于现代服务业生命周期的产业政策制定与选择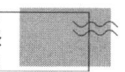

意识第一,提高服务质量管理和推广体系,以标准、质量和品牌为中心,创造竞争优势,全面提高现代服务业发展的质量和效率。

坚持以创新为导向的综合发展原则。把发展重点放在创新上,营造良好的创新环境,深化群众创业创新,促进新技术、新产业、新形式、新模式的蓬勃发展,增强服务经济发展的新动力。促进现代服务业与农业,制造业和现代服务业不同领域的深度融合,形成有利于提升中国制造业核心竞争力的服务能力和服务模式,发挥"中国服务+中国制造"的综合效应。

坚持重点突破和特色发展的原则。针对供需矛盾突出、动力强劲的重点行业,抓好重点区域和薄弱环节的发展问题,推动现代服务业转型升级。鼓励各地发挥比较优势,培育竞争优势,发展特色现代服务业,增强城市综合服务功能,引领区域产业升级和分工,提升区域经济综合实力。加强小城镇综合服务功能,更好地为农村和农业发展服务。

坚持深化改革开放的原则。通过改革促进现代服务业发展,打破制约现代服务业发展的制度和制度障碍,适应现代服务业发展规律,创新经济治理,促进制度和制度环境的优化,最大化市场活力。推进改革,开放促进发展,稳步扩大现代服务业的开放,深入参与国际分工与合作,扩大空间,提高公开竞争水平。

第三节 基于现代服务业生命周期的产业政策选择

一、挖掘创新引领作用并提升现代服务业的发展势头

创造宽松的环境,促进现代服务业的创新和发展,促进技术流程、产业形式和商业模式的创新和应用,以信息技术和先进文化提升现代服

务业的发展水平。

（一）不断开发新型技术，增加研发投入

适应现代服务业创新发展的需要，完善创新机制和模式，促进技术过程创新和广泛应用。提高技术创新能力，强化企业技术创新的主体地位，引导研发机构的建立，建立研发团队，增加研发投入，促进政府、企业和研究机构的产学研三方面创新与合作，鼓励社会资本参与应用研发机构的市场化改革。鼓励龙头企业率先建立技术创新战略联盟，共同开发和推动共性技术的应用。鼓励中小微服务企业创新活力，促进特色发展。充分发挥协会、商会在促进行业技术进步中的作用。鼓励服务提供商和用户通过互动开发、联合开发和开源创新建立多参与式技术创新网络。促进人工智能、生命科学、物联网和区块链等新技术的发展，以及它们在服务领域的转型和应用。建立多层次、开放的技术交易市场和转换平台。

支持服务公司开发新技术，提高设计水平，优化服务流程。加强技能和流程创新，适应专业、精致和个性化服务发展的要求，鼓励挖掘、保护和发展传统技术，利用新技术开发现代工艺品，更好地推广传统工艺。大力弘扬新时代工匠精神，保护一批传统工匠，培养一批技术精湛的高技能人才。

（二）开发新的业务模式，发挥平台作用

按照包容性创新的发展方向，鼓励探索、积极培育和推动各种形式的商业模式和产业形式的创新和应用。鼓励平台经济发展，适应平台经济快速发展的需要，加快融资支持、复合人才供应、并购等有利于平台型企业发展的作用，明确平台运作规则和权责边界，加强资源整合、对接供需和协同创新，支持平台型企业推动和整合上下游产业，支持经济

第六章 基于现代服务业生命周期的产业政策制定与选择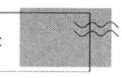

发展的共享,鼓励发展信息经济、信息交易、物流、交通等平台经济,交通、住房、专业技能、生活服务等领域的共享经济,生产制造、休闲娱乐、旅游购物、健康关心和其他领域的体验经济,以及其他新兴服务形式。促进区块链技术的发展和分布式服务模型的发展。

建立健全适合经济发展共享的企业登记管理、灵活就业、质量安全、税收征管、社会保障、信用体系、风险控制等政策法规,妥善协调和保护各方利益。引导企业依靠现有的生产能力、基础设施和能源资源等来发展共享经济,提供基于互联网的个性化、灵活、分布式服务。积极探索促进经济发展的经验,鼓励服务企业探索生产、制造和流通的经验价值,并利用虚拟现实等新技术创新经验模型开发新的在线和离线体验服务,加强体验区设施的质量安全监督。

(三)采用新技术,促进现代服务业信息化的纵深发展

建立互联网、大数据思想,促进信息技术在服务领域的深度应用,促进现代服务业的数字化、智能化发展。促进现代服务业的数字化,鼓励利用新一代信息技术改造和升级现代服务业,创新要素分配方法,促进服务产品的数字化、个性化和多样化。加强服务领域数据资源的开发和利用,构建云服务平台,促进政府信息、公共信息等数据资源的开放共享,发展大数据交易市场,全面推进关键领域大数据的高效采集、有效集成、安全使用和应用扩展。推动服务业现代化进程,培育人工智能产业生态,促进人工智能在教育、环保、海洋、交通、医疗、金融、商业、网络安全和社会治理等重点领域的推广和应用,促进现代服务业大规模发展。丰富移动智能终端、可穿戴设备和其他服务的内容和形式。促进现代服务业与互联网和物联网的协调发展和整合,促进协同制造、个性化定制、工业云、农业信息化等服务,发展教育、卫生、养老等基于互联网的服务,积极依托物联网拓展服务领域,丰富服务内容。

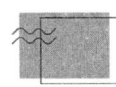

(四) 加强现代服务业的文化内涵建设

发挥文化要素和价值观的特殊作用,在现代服务业的创新和发展中,增强现代服务业发展的文化软实力。鼓励企业提升服务产品的文化价值,鼓励为服务产品设计和创新采用更多文化元素。加强研发设计和商务咨询等服务的文化创意内容,将传统文化、民俗风情和民族地域特色融入旅游、文化娱乐、体育健身、休闲和保健等领域。鼓励利用文化来提升品牌价值,打造具有文化内涵的服务品牌。增强中国服务文化的影响力,发挥中国文化深厚的包容性优势,吸收国内外优秀文化成果,开发具有独特文化魅力和吸引力的服务产品和服务模式,提升中国服务的国际竞争力。推动中国服务在有机结合文化的基础上在国际服务业形成自身特点,在现代服务业的国际化发展中展示中国文化。鼓励发展文化丰富的服务,创建诚信和有担当的服务业公司,培养爱岗敬业、富有爱心和人文情怀的从业人员,建设富有文化价值的品牌。

二、建立产业协同发展体系,促进一体化进程

加强现代服务业在现代农业和先进制造业整个产业链中的支撑作用,形成交叉渗透、互动、跨界整合的产业生态系统,鼓励产业整合和发展,创建一批以服务为主体的三大产业融合发展的龙头企业。

(一) 加速推进现代服务业与农业的融合

培养多元化、综合化的发展体系,指导新型农业生产经营企业转变为生产经营服务一体化企业,加强农村的三产融合发展。鼓励农村专业合作社、农业产业化龙头企业、工商资本和其他社会化服务组织投资发展农业服务组织,支持合格的农业生产、加工和配送企业发展,为散装农产品和区域特色农业发展专业服务。支持农业机械合作社的发展,作

第六章 基于现代服务业生命周期的产业政策制定与选择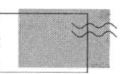

为机械化综合农业服务的主体,促进供销合作社等服务提供者向农业综合服务提供者转变。支持农业企业联盟的发展,鼓励银行、保险、科研、邮政等机构与农村各类服务单位合作。加快发展现代农村服务业,建立全面覆盖、区域一体化的新型农业社会化服务体系,增强现代服务业转变农业发展方式,发展现代农业的支柱和引领作用。

加速业态融合,实施创意农业发展计划,并鼓励发展能够结合生产、生活和生态的功能性复杂农业,支持农业生产托管、农业产业化联合体、农业创客空间、休闲农业和乡村旅游等融合模式创新。鼓励平台型企业与优势农产品生产区合作,形成线上线下集成的有机农业流通模式,顺利将农产品引入城市,拓宽农业资源下乡渠道。构建国家农产品商业信息服务公共平台,鼓励利用信息技术优化农业生产和管理决策、农业技术培训以及农产品供需,积极探索个性化产品定制服务和展览农业等新形式。

(二) 加速推进现代服务业与制造业的融合

开发面向服务的制造业。促进制造企业向创业孵化、研发设计、售后服务等产业链的两端延伸,建立产品和服务协同盈利的新模式。鼓励合格的制造公司转变为综合服务的总承包商,如设计咨询、设备制造和采购、建筑和安装以及维护管理,支持领先制造企业"裂变"的主导优势,为整个行业提供市场调研、研发设计、工程承包和系统控制服务。鼓励制造企业优化供应链管理,促进网络化协同制造,积极发展服务外包。促进信息化与工业化的深度融合,加快智能服务的发展,提高制造业智能水平。充分发挥制造业在现代服务业发展中的基础性作用,促进有序双向融合,促进有条件的制造企业从生产型到生产服务综合发展型转变,促进服务企业向服务制造型企业转变。

构建服务制造融合平台。支持合适区域建立电子商务集群,系统地建立个性化服务系统,如智能化信息、营销及售后系统;智能生产系统,如灵活制造和智能工厂;社会化协作系统,如电子商务、金融和物流系统。依托新工业化产业示范基地和其他制造业产业集群,着眼于共同的生产服务需求,加快生产服务支撑平台的建设。支持高质量工业云计算和大数据中心建设,促进智能及先进服务扩展到制造业,在生产和需求相互作用的指导下,不断推动面向服务的逆向制造,鼓励服务企业开展大规模定制服务,促进服务业组织的调整及与制造业企业间的灵活转换。支持服务企业利用信息、营销渠道和创造力的优势,将业务范围扩展到制造过程,实现服务产品的开发。为新的云制造服务开发产品生命周期管理、网络精准营销和在线支持,实现创新资源、生产能力和市场需求的智能匹配和高效协作。

(三) 加速推进现代服务业内部的融合

支持服务企业拓展业务领域,加快发展新业态,有效推进新模式的创新,构建产业生态系统。顺应消费升级和产业升级的趋势,促进设计、物流、旅游、养老等现代服务业跨界融合发展,为现代服务业的整合和发展培养新的载体,促进现代服务业内部细分生产要素和服务体系整合的优化配置,创新服务供给,扩大增值空间。支持现代服务业多形式融合发展,重点发展顺应时代发展要求的新兴现代服务业,发挥平台型和枢纽型服务企业的主导作用,促进创新创业和小微企业的发展,共同构建"平台+模块"产业集群。培养系统解决方案提供商,促进优势企业跨地区、行业和所有制系统整合运营,发展一批具有综合服务功能的大型企业集团或行业联盟。

三、优化服务供给结构,推动现代服务业转型升级

发力推动现代服务业转型升级,重点关注现代服务业的关键领域和

发展的不足，推动生产性服务业和流通性服务业等现代生产性服务业向价值链高端和专业化方向延伸，生活性服务业和社会服务业等向高品质和精细化服务业方向转变。

(一) 加速发展生产性服务

建立一个涵盖整个技术创新链和整个产品生产周期的创新服务体系，大力发展研发、工业设计、技术转让和转型、企业孵化、技术咨询等服务，促进服务专业化发展。鼓励发展各种形式的创业创新支持和服务平台，围绕创新链拓展服务链，打造专业化的科技服务规模化发展。大力发展知识产权服务，完善知识产权交易和中介服务体系，构建专利运营和产业化服务平台。加快标准化现代服务业的发展，不断推动生产性服务的专业化和高端化发展，在产业升级需求的引导下拓展高科技现代服务业，提升产业体系的整体发展水平和竞争力。加速基于移动互联网、大数据、云计算和物联网等新技术的信息服务发展，开发网络信息服务，大力发展综合云计算服务，改善大数据资源和产业链的配置，支持有条件的企业建立跨行业的物联网运营和支撑平台。积极开展信息技术咨询、设计和运维服务，鼓励发展高端软件和信息安全产业。

鼓励发展高效、绿色、包容、安全、开放、创新的现代金融服务业，提高金融服务的经济效益。完善集商业、发展、政策和合作一体的金融服务体系，促进金融服务市场的拓宽、深化和国际化，促进股权和债券等市场的健康发展，提高市场效率。稳步扩大金融业对外开放，放宽对金融机构准入的限制，稳步推进金融业综合治理，培育具有国际竞争力、财务竞争力的企业。大力发展普惠金融，鼓励科技金融和绿色金融的发展，规范互联网金融发展。大力发展保险业，积极发展融资租赁业。促进金融机构的数字化转型，探索区块链等新金融技术的研究和应用。积极稳妥地推进金融产品和服务模式创新，有效预防和化解金融风险。鼓励招聘高级服务人才，加速推进人力资源服务外包和管理咨询、高级人才搜索等形式的发展，规范人力资源代理事务的发展，广泛开展人才评估和技能鉴定、人力资源培训、劳务派遣等服务，发展专业和国际人力资源服务组织。

积极开展工程设计、咨询评估、法律、会计审计、信用中介、检验测试等服务，提高专业化水平。支持专业人才队伍建设，降低和规范职业资格的资格认定，完善职业水平评估体系。鼓励各类社会资本以独资、合资等形式提供商业服务，加快培养竞争性服务组织，鼓励开发由专业协调和支持的各种高端智库。加快发展节能环保技术、咨询、评估、计量、测试和运营管理服务，鼓励创新服务模式，提供"一站式"合同能源管理服务，如节能咨询、诊断、设计、融资、转型和保管。支持生态恢复、环境风险和损害评估等服务的开发，推进城市污水和垃圾处理、工业园区集中污染治理等重点领域的第三方环境污染治理，促进工业园区和小城镇的综合治理和保管。加快碳资产管理、碳咨询、碳排放交易等服务的发展。

(二) 为社会服务提供有效供给

鼓励社会力量开展各种类型的教育，积极发展丰富多彩的教育培训服务。支持和规范私立教育和培训机构的发展，鼓励继续教育、职业教育、老年教育、社区教育、校外教育、技能培训的创新发展和兴趣培训的发展。鼓励开发数字教育资源，开发开放式教育和培训云服务，鼓励外包教育服务，引导社会力量提供培训实习等专业服务，打造"中国留学"品牌，稳步扩大在华留学的规模。扩大对外教育和培训领域，支持引进优质教育资源，开展合作教育。充分发挥社会服务在提高人民生活质量和发展能力中的重要作用。在政府保障基本底线的基础上，要充分发挥市场主体的作用，增加服务的有效供给，更好地满足多层次、多样

第六章 基于现代服务业生命周期的产业政策制定与选择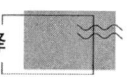

化的需要。

鼓励开展医学检验等第三方医疗服务,促进检查结果的相互认可。促进精准医疗等新兴服务的发展,促进基层医疗服务,促进家庭医生承包服务。支持中医药保健、医疗康复、健康管理、心理咨询等服务的发展,积极支持康复医院和养老院的发展,促进医疗相结合。鼓励开发创新药物,积极发展智能医疗,鼓励医疗机构提高信息化水平,支持医疗保健大数据资源的开发和应用。鼓励开展第三方医疗服务评估,丰富商业健康保险产品,大力发展医疗保险、医疗事故保险等实务保险。深化医疗卫生体制改革,完善准入制度,加强服务质量监管,建立覆盖整个生命周期、满足多样化需求的全民健康服务体系。推进公立医疗机构改革有序推进,大力发展社会服务,支持社会力量,提供多层次、多元化的医疗服务,鼓励专业医院管理小组的发展。

倡导全民健身,鼓励建立各种形式的健身俱乐部和健身组织,加快健身休闲产业等体育服务业的发展。大力发展足球、篮球、排球以及冰雪、水上、户外等体育运动,促进体育竞赛表演业的发展,推动职业联赛市场化改革,鼓励国际品牌竞赛的发展,丰富业余体育服务业,促进创新项目的普及,促进体育旅游、体育媒体、体育展览、体育经纪等的发展。

全面开放老年护理服务市场,丰富老年护理服务和产品供给,加快家庭和社区老年护理服务业的发展,建立以企事业单位为主体、社区为纽带的老年护理服务网络。支持社会力量组织养老机构,重点支持建立残疾人、半残疾人、痴呆症老年人的医疗保健和康复机构的组合,鼓励标准化、专业化、连锁化的行动。促进老年服务扩展到精神慰藉、康复护理、紧急救济和临终关怀等领域。鼓励发展智慧型养老服务业,积极探索建立长期护理保险制度,加强福利护理补助方案的整合,开发商业长期护理保险等金融产品。

加快构建合理的文化服务产业，开发具有完整的类别和高科技含量，具有创造力和竞争力的现代文化产业体系，促进三网与媒体的融合，整合广播电视网络，发布和分配资源，鼓励文化企业重组整顿，建设大型文化服务集团。加快数字出版、网络视听、移动多媒体、动漫游戏、网络音乐、网络文学、创意设计、绿色印刷等新兴产业的发展，促进影视制作与艺术的转型升级，从特色工艺品、文化展览、出版和印刷等角度推广文化服务业多渠道、多形式发展，并鼓励表演和娱乐服务业与艺术市场等线上线下整合发展。鼓励将实体书店建设成一个复杂的文化场所。增强文化创意和研发能力，挖掘文化内涵，形成创新。

（三）加速流通性服务业的转型和创新

以提高效率、降低流通成本为目标，积极推进流通性服务业创新转型，优化城乡网络布局，提高流通服务水平，增强基础支撑能力。

在发展现代商业过程中，推动线上线下实现柔性整合，形成平等竞争局面，构建差异化、独特以及便捷的现代商业服务体系，支持商品交易市场的转型升级。大力发展社会化、专业化的现代物流业，提高物流信息化、标准化、网络化、智能化水平，构建高效、便捷、绿色的现代物流服务体系。提高供应链管理水平，促进现代物流业与制造业和贸易的协调发展。大力发展单一化物流和多式联运，加快冷链物流、城乡配送和港口服务的发展，加快物流基础设施建设，强化关键物流节点集成枢纽功能，促进运输和物流一体化，支持物流衍生服务的发展。完善国际物流渠道和海外仓库布局，发展国际现代物流业。

采取合理措施提高零售业的质量和效率，促进传统商业业务和实体运营业务模式的转变，创新组织形式，增强体验服务能力。支持连锁经营，实现多行业、多模式、多渠道推广。推动电子商务标准的发展，积极发展农村电子商务。鼓励社区商业形式创新，扩大便利增值服务，引导流通企业加强供应链创新和应用,大力发展绿色循环和消费。

(四) 不断提高面向居民的服务质量

居民近年来对家政、旅行、房地产等行业的服务质量有不断提高要求的趋势,在现代服务业发展过程中,应该顺应居民生活方式的变化和消费升级的态势,引导居民服务标准的发展,改善服务体验,全面提高服务质量和消费者满意度。

首先,为进一步满足居民对服务质量提高的需求,应加快建立供应充足、服务便捷、管理规范、惠及城乡的家政服务体系,引导社会资本投资家政服务,鼓励有条件的企业进行品牌和连锁发展,支持中小型家政服务企业的专业化和特色化发展。加强服务标准化和专业化,加大对家政服务人员培训的支持力度,制定用人单位和家政服务人员的行为规范,推动维权机制创新和行业信用体系建设。

其次,应开展旅游休闲升级换代行动,促进旅游资源开发、产品多样化和服务质量的集约化。推进全球旅游,积极发展城市休闲旅游和乡村旅游,打造全国精品旅游带、国家旅游景观,推动精品和特色旅游线路的开发建设。大力发展红色旅游,优化生态旅游、文化旅游的推广,加快工业旅游、健康医疗旅游、冰雪旅游、科研旅游的发展。开发自驾游和游轮游船之旅。支持旅游衍生品发展,加强旅游资源保护性开发,促进旅游景区建设和绿色管理。规范旅游市场秩序,提高员工的专业素质和游客的文化素质。加强旅游休闲安全应急、应急救援、保险支持能力,确保旅游安全。深化国际旅游合作,促进旅游签证的便利化。

最后,应该优化住房供需结构,加强住房产权制度,建立住房供应体系,以政府为主提供基本住房保障,以市场为主体提供多层次需求。积极发展住房租赁市场,规范二手房市场发展。促进房地产评估和经纪、土地评估和登记机构的专业发展,规范中介服务市场的秩序。鼓励合格的房地产公司转型为综合服务提供商,积极推动社区老龄化改造,提高物业服务水平。

四、深化各领域改革,为现代服务业发展创造良好环境

加强重点领域、关键领域的市场化改革,深化行政分权,整合管理,优化服务改革,最大限度地发挥市场主体的活力和创造力,为现代服务业的发展创造良好的环境。

(一)打造公平和包容性的政策环境

为打造公平和包容性的现代服务业发展环境,应消除制约现代服务业发展的政策障碍,消除政策歧视,创新因素供给机制,加快形成公平、透明、包容、友好的政策支持体系。

一是创新财政和税收政策。积极构建有利于现代服务业创新发展的财税政策环境。实施税收优惠政策,支持现代服务业和小微企业的发展。增加政府购买服务的努力,研究制定政府采购服务指南。切实发挥相关产业基金和现代服务业的引导资金作用。推进政府与社会资本的合作模式,引导社会资本进入现代服务业。

二是改善土地政策。优化土地供应控制机制,合理确定土地供应,确保现代服务业对土地的需求。根据不同服务类别和产业政策引导的特点,有针对性地制定土地政策。探索知识密集型现代服务业的灵活土地供应体系,如年租制和"先租后转"制度。支持利用工业、仓储等住房用地,建立符合法律规范的现代服务业。创新和适应新兴产业的特点和建筑用地分类的新业务形式。

三是优化财务支持。拓宽融资渠道,调整和修订不适合服务企业特点的政策法规,支持通过发行股票、债券等直接融资筹集资金。探索允许社会部门盈利的机构,如营利性医疗、养老和教育,使用抵押土地和

第六章 基于现代服务业生命周期的产业政策制定与选择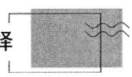

设施进行抵押融资,鼓励金融机构开发适应现代服务业特点的融资产品和服务。完善动产融资服务体系,鼓励合格场所为小微企业建立信用风险补偿机制,支持融资担保机构扩大小微企业担保业务规模。

四是深化价格改革。加快价格机制的改善,主要是市场,合理区分基本和非基本需求,放开竞争领域和服务的价格。在竞争条件下,完善运输价格机制,放开客货运价格。创新公用事业和公共服务价格管理方法,深化教育、医疗、养老等领域的价格改革,营利性机构提供的服务将由运营商独立定价。全面清理企业的法规和收费,推动相关企业名单管理清单的实施,规范宣传。

五是改善消费政策。鼓励消费金融创新,支持消费信贷的发展。鼓励保险机构开发更多适合医疗、文化、养老、旅游等行业和小微企业的保险类型。

(二) 确保市场准入公平公开

完善市场准入制度,全面落实公平竞争审查制度,清理和废除阻碍统一市场和公平竞争的各项规章制度,促进服务和要素的自由流动和平等交流。实施市场进入负面清单系统。以市场准入的负面清单为核心,为服务领域建立一个平等、开放、透明的准入标准,并及时进行调整。放宽民营资本市场准入领域,扩大服务业开放度,推进非基本公共服务市场化,多元化基本公共服务供给模式。

打破市场细分和本地保护。推进统一、开放、有竞争力的服务市场体系,打破地域分割、行业垄断和市场壁垒,营造平等权利、机会均等、规则平等的发展环境。除特殊规定外,禁止制定限制跨地区服务企业发展的规定,纠正各种形式的限制、歧视和排斥竞争,加大对现代服务业的反垄断力度。消除各种显性和隐性的访问障碍。减少审批或优化审批流程并标准化审批流程,清理和规范各种预先批准和事后管理事项，并明确确定要保留的事项主题、要求、程序和时间限制，并向公众披露。继续推进商业体制改革，整合公共服务机构的批准、执业许可等，鼓励合格的场所为办公服务提供"一站式"服务。

(三) 完善现代高效的监管体系

为顺应现代服务业发展的新趋势，不断更新观念，创新方法，完善机制，加快建立统一、高效、开放、包容的监管体系。

创新监管概念和方法。建立基于法律法规、独立专业性、透明程序和公开结果的现代监管理念。促进从行业监管监督向功能监督的过渡，从细则式具体事项的监管向设置安全阀和红线的触发式监管转型，从分散的多头监督向综合协同监督转变，从行政主导监管向多元化监管转变。根据服务类别制定统一的监管规则、标准和程序并公布。积极利用信息技术提高监管效率，覆盖范围和风险防控能力。

创造新的业务模式和新的监管模式。坚持包容性创新、保持底线的原则，适应新型服务经济和新型经营模式发展的需要，创新监管方式，增强监管能力。坚持审慎监管和包容性监管，避免过度监管，充分发挥平台型企业的自律性和相关主体管理的作用，创新对"互联网+"、平台经济、共享的监管模式。

实施统一全面的协同监督。促进监管机构和职能的整合，促进综合执法。建立健全跨部门、跨区域执法联动的应对和协调机制，加强信息共享和联合执法，实现对非法线索的相互调查，加强对处理结果的互认，避免交叉执法、长期立法执法和反复检查。促进监督能力的专业化，为专业化企业创建高效的监督和执法队伍，建立健全社会监督机制，充分发挥公共和媒体监督的作用，完善投诉和举报管理制度，鼓励社会组织发挥自律的作用，完善商业纠纷的多元化结算机制。

第六章 基于现代服务业生命周期的产业政策制定与选择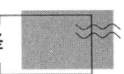

（四）构建充满活力的市场实体

确保各市场主体依法公平竞争，深化国有企业改革，推进事业单位改革突破，形成各种市场主体竞争发展的生动形势。

确立法人实体的平等地位，按照法律规范市场主体的行为，确保不同主体的法律地位相等。实施利润和非营利分类管理，明确不同性质主体的权利和责任。完善分类登记管理制度，规范社会服务组织登记，明确制度变迁实施细则，建立健全市场退出机制。

进一步打破各种形式的行政垄断，深化公共机构改革，按照政务分离、事务分离、管理分离、管理分离的要求，加快教育、科技、文化、卫生等机构分类改革，对从事生产经营活动的机构和可分立为企业的生产经营部门进行逐级改革，促进现代服务业市场的公平竞争。加快建立现代公司治理结构，促进产权管理与企业管理分离，完善内部决策、实施和监督机制，依法独立开展业务活动。改革和完善人事制度，改革事业单位管理办法，建立符合不同性质组织运作的人力资源管理制度。鼓励公共医疗、养老金机构和其他机构实施灵活的就业体系，并有明确的权利和责任。逐步取消公立医院的行政级别，改革医师的实践登记方式，促进医生的有序流动和实践。完善私营机构参与现代服务业公共服务组织结构调整的规则，鼓励从事生产经营活动的机构直接改制为混合所有制企业。

对于国有服务企业中主营业务处于充分竞争的行业和领域，实行股份公司制改革，积极引入其他国有资本或非国有资本，实现股权多元化。主要业务是国家安全重要领域和国民经济命脉的国有服务企业维持国有资本持有地位，支持非国有资本参与。对于电信、铁路等服务业，根据不同行业的特点，实行网运分开的同时，放开竞争性业务，以促进公共资源配置市场化。推进承担公共服务和准公共服务职能的国有企业改革，促进投资主体多元化，完善现代企业制度，鼓励各类社会资本参与国有服务业改革，鼓励非公有制企业发展混合所有制企业。

五、多举措提升服务质量，促进现代服务业优质高效发展

实施素质强国战略，创新服务质量，着力提升重点领域的服务质量，积极推进服务的标准化、规范化和品牌化。

一是完善服务质量管理体系。建立责任明确、参与多元化、法律监督充分的服务质量治理和推广体系，加快形成以质量取胜、优胜劣汰、与激励相适应的良性发展机制。加强企业责任，完善激励约束机制，引导企业加强质量控制全过程，建立服务质量自我评估和开放承诺体系，积极发布服务质量标准和质量状况报告。贯彻质量第一的承诺，并在整个过程中提高质量责任的可追溯性，完善传输和监督机制。鼓励推广服务质量保险，建立质量保证体系。加强政府监督和执法。提高服务质量随机检查的质量，完善质量安全报告核查和协同处理系统，完善质量监督检验结果公开制度、质量安全事故强制性报告、质量信用记录，严格不值得信赖的服务单位强制退出制度。完善服务质量风险监控机制，充分发挥社会监督的作用，疏通消费者质量投诉渠道，推广服务质量社会监督员制度，鼓励第三方服务质量调查。支持行业协会加强质量自律，发布行业服务质量安全报告。加快市场化发展的质量服务。

二是打造中国服务知名品牌。开展品牌价值提升行动，开发一批能够彰显中国服务形象的品牌，在现代服务业转型升级中发挥主导作用。鼓励企业加强品牌建设，引导企业提升品牌知名度，完善品牌管理体系，提升品牌知名度和品牌价值，打造世界知名品牌。发挥行业协会、商会在品牌培育和保护方面的作用，鼓励专业服务机构的品牌发展和运作。营造良好的品牌发展环境，完善品牌和商标法律法规，完善维权和纠纷解决机制。加强品牌和商标保护的执法力度，依法严厉打击侵权行

第六章 基于现代服务业生命周期的产业政策制定与选择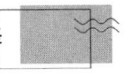

为。提高商标注册和便利化水平，完善集体商标和认证标志管理制度，加强品牌推广和展示，营造品牌价值，保护品牌的社会氛围。

三是提高服务标准化水平。开展服务标准化和改进行动，加快形成政府引导、市场驱动、社会参与、协调促进的标准化建设模式。完善服务标准体系，建立一个由政府主导的标准协调并由市场协调的新标准体系，政府制定的强制性国家标准仅限于保护个人健康和生命财产、公共安全、生态环境安全和满足经济与社会管理的基本要求。支持社会组织制定集团标准，鼓励企业自主制定企业标准。提升服务标准，加强标准修订工作，促进国际国内标准的整合，提高服务领域的标准化水平，鼓励企业制定高于国家标准或行业标准的企业标准，积极创造国际一流标准，研究建立企业标准领导体系，推动企业服务标准自我申报和监督体系的全面实施，鼓励标准制定的专业机构对企业开放的标准进行比较和评价，整合和优化国家标准信息网络平台。

四是推进对服务质量的改进和提升行动。鼓励社会组织选择和发布一系列具有领先质量、严格管理和公众满意度的服务基准，总结和推广先进的质量管理经验，鼓励企业以行业基准为目标，进行质量比较，实施质量改进和追赶措施。开展服务质量监测能力改进行动，动员社会各界协调构建质量信息服务体系，整合监测、获取、分析和传播，构建服务质量信息共享和社会监督平台。支持金融、交通、电子商务、旅游、卫生等重点行业的质量监控能力建设，鼓励建立行业质量安全数据库。鼓励推进服务标准化和改进行动。创新标准制定方法，提高科技、金融、物流、知识产权等生产服务标准，修订家政、养老、卫生、教育、文化、旅游等生活服务标准，加快制定新兴服务领域的标准。建立健全服务认证体系。大力开展品牌价值提升行动，在金融、物流和商业服务等关键领域，以及电子商务、云计算、大数据和物联网等新兴领域创建多个高价值服务品牌，鼓励为中小型服务公司建设品牌孵化器，支持具有文化、民族、地域特色的服务品牌建设，打造区域知名品牌。

六、加大对外开放力度，增强现代服务业的国际竞争力

以"一带一路"倡议为指导，推进现代服务业双向开放，深化融入全球现代服务业分工体系，推动中国现代服务业高水平开放。

一是扩大深化服务业的开放度。开放服务业是中国新一轮开放的重中之重，在坚持国家安全底线的前提下，应该不断加大开放力度，丰富开放内涵，提高服务业的开放度。改善法治国际化，促进商业环境，全面实施入境前国民待遇加外资负面清单管理制度，简化外资企业的建立和变更管理程序，提高市场准入透明度和可预测性。在财政政策、融资服务、土地使用和经济技术合作方面，内外资企业将得到平等对待。促进重点领域的对外开放，坚持整体服务、积极有序、稳步拓展现代服务业的原则。应优先考虑在弥合发展缺陷、促进产业转型升级、提高人民生活质量方面发挥重要作用的领域，促进教育和医疗等社会服务的有序开放，在建筑设计和评级服务等领域免费获得外国投资限制，有序推动银行、证券、保险等领域的开放。在文化和互联网等领域改进开放式分类系统，逐步放宽访问限制。鼓励外商投资工业设计和创意、工程咨询、现代物流、检验和测试等生产性现代服务业。

二是创造现代服务业全面开放的新格局。推进沿边沿海地区全面开放，扩大对外开放空间，形成平衡、协调、纵向联系的现代服务业开放格局。提高现代沿海服务业的开放性，鼓励沿海地区加大对资金、技术和知识的投入，大力发展高端出口导向的现代服务业，建设重要发展平台和能够承接国际服务转移及国际服务合作的窗口城市。支持有资格的地区建立具有全球影响力的金融、技术、信息和其他要素市场。打造内陆开放的服务经济高地，依托战略性互联互通重大项目以及重点口岸、边境城市、边境（跨境）经济合作区和重点开发开放试验区建设，引导

第六章 基于现代服务业生命周期的产业政策制定与选择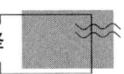

优质服务要素集聚，提升现代服务业开放水平。面向国际经济合作走廊，将边境省区中心城市和口岸城镇培育成为新的交通枢纽、贸易中心和金融服务中心。支持内地空港陆港门户城市，建立新的国际物流通道和人文交流中心。优化中欧列车的整合，促进品牌发展。大力发展边境旅游，推动跨境旅游合作区和边境旅游试验区建设。

深化中国内地与中国香港、中国澳门及中国台湾地区现代服务业的合作，进一步拓展港澳服务区，支持港澳充分发挥金融、商贸、物流、旅游、展览、专业服务等优势，积极参与内地现代服务业发展和各种形式的"走出去"合作，深化内地与香港的金融合作，深化内地与港澳在文化教育、医疗、养老、环保、食品安全等领域的交流与合作，支持内地与港澳的创新和科技合作。围绕现代服务业的合作，加快前海、南沙、横琴等重要合作平台的建设，推进粤港澳建设，促进中国大陆与中国台湾现代服务业的合作。

三是提高全球服务市场的资源配置能力。鼓励服务公司分配资源，拓展市场，拓展新的发展空间，提高国际竞争力。加快服务贸易的发展。积极探索欧洲和美国等发达国家和地区市场，"一带一路"沿线国家、拉丁美洲和非洲等新兴国家和地区市场。巩固旅游、建筑等服务业的出口优势，扩大金融保险、交通运输、信息通信、研发咨询、环境服务等高附加值服务的出口。积极推进文化、中医药等服务出口，加强在体育、餐饮等特色服务领域的国际交流与合作，大力发展服务外包，将服务外包推向价值链的高端。创新部署全球服务资源的合作方式，通过跨境兼并和收购，绿地投资和联合投资，支持服务公司关注主要缺点和战略需求，有效地分配人才、技术和品牌等全球核心资源。通过在海外设立研发中心、配送中心、物流中心和展览中心，鼓励企业建立跨境服务产业链，鼓励企业利用信息技术改造和提升传统服务投资和贸易方式，积极发展跨境电子商务、全球维护、全球采购等服务。加强"走出去"服务的支持,鼓励会计、法律、资产评估、公共关系、海外救助等服务的国际发展,支持行业协会等机构参与海外支持服务体系建设。完善"走出去"金融支持体系,发挥发展和政策性金融机构的作用,鼓励社会资本参与,拓宽海外投融资渠道。积极发展海外投资保险,扩大政策保险范围。建立高效、有效的海外利益保护体系,提高服务能力,加强海外风险防控体系建设。

四是积极参与制定国际服务投资贸易规则。积极参与多边双边和区域服务投资贸易谈判,制定全球经贸规则,增强国际服务贸易的制度性。在世界贸易组织框架下促进关于现代服务业的公开谈判,积极参与相关国际服务贸易协定的谈判,参与制定国际标准,促进优势和专业领域服务标准的国际化,促进与主要贸易国家的标准互认,加快实施自由贸易区战略和建设。立足周边,散发"一带一路"和全球高标准的自由贸易区网络,积极开展国际投资贸易新规则试点,提高自由贸易区等各相关试验区建设质量。

七、突出现代服务业的发展特点,优化空间布局

在发展现代服务业的过程中,应充分发挥各地区的比较优势,调整现代服务业的功能分工和空间布局,构建具有鲜明特色、优势互补、体系健全的现代服务业发展新格局。

一是加快建设多层次经济服务中心。充分发挥资源要素密集、中心城市市场需求集中、改善服务功能、规模经济、专业分工精细化、建设不同层次服务经济中心、增强辐射驱动能力等优势,促进现代服务业和新型工业化、城镇化发展,实现良性互动。建设具有全球影响力的现代服务经济中心,加强北京、上海、广州和深圳国际服务中心及文化交流门户的功能,促进高端现代服务业的聚集和高附加值服务,提升全球创新链、产业链和供应链、价值链的地位和控制力。

第六章 基于现代服务业生命周期的产业政策制定与选择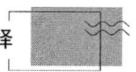

鼓励跨国公司和企业集团建立区域和功能性总部，以支持有条件的城市提高全球影响力。提高区域服务经济中心的辐射驱动能力，依托大城市区域服务经济中心建设，提升现代服务业的集聚效应和辐射能力，更好地服务区域发展。加快建设全国服务经济中心，鼓励各地区依托超大城市和一些基础较好的特大城市发展现代服务业，加快形成以现代服务业为主体的产业结构，打造一批具有强大辐射功能的国家服务经济中心，加快现代服务业水平的提升，构建服务全国的专业化服务平台。

推动现代服务业富有成效地发展，加强对区域产业升级的支持。加强医疗保健、教育和培训、文化创意和其他服务功能的提升，以提高城市的宜居性和吸引力。加强中小城市和小城镇的服务功能，充分发挥中小城市和小城镇在集聚产业、服务周边、推动农村发展中的重要作用，推进中小城市与区域中心城市的产业对接，利用中心城市服务资源转变升级传统产业，建立区域物流枢纽，支持制造业合作服务中心，积极承担旅游服务需求，中心城市的休闲、健康和养老需求，支持具有独特资源、区位优势和民族特色的小城镇建设成为休闲城镇、贸易物流城镇、科技教育城镇、民俗文化城镇等特色城镇。

二是优化现代服务业发展模式。重点在"一带一路"建设、京津冀协调发展、长江经济带发展、新型城镇化发展中寻求现代服务业的发展亮点，促进现代服务业的开放、集聚和协调发展。优化现代服务业的区域布局，充分发挥"四大板块"的比较优势。促进东部地区现代服务业率先攀升至价值链高端，提升其现代服务业的辐射和国际化能力；依托制造业和现代农业基础，支持东北地区加快发展生产性现代服务业；鼓励中部地区发挥区域和产业优势，扩大现代服务业规模，提高服务水平；支持西部地区规避现代服务业发展的弊端，发展特色现代服务产业。鼓励跨区域现代服务业合作，促进现代服务业的梯度转移。依托

"一带一路"核心区和节点城市,扩大服务开放与合作,全面扩大京津冀地区现代服务业合作的广度和深度,促进地区服务业和要素市场一体化,促进合理分工,错位现代服务业发展产业,提高整个现代服务业的发展水平和质量。努力扩大长江经济带中心城市的辐射驱动能力,增强节点城市的物流和贸易功能,构建东西方互动的现代服务业合作发展带。优化和提高珠三角现代服务业的发展水平,加强与港澳的开放合作,促进泛珠三角区域现代服务业的合作。结合扶贫,重点关注生活服务业和特色产业,支持革命老区、民族地区、边疆地区、贫困地区、资源枯竭地区、工业衰退地区等困难地区的现代服务业快速发展。

大力发展海洋服务业。坚持海陆总体规划,发展功能齐全、格局多样、布局合理的海洋服务业。发展现代航运服务和海洋物流,积极发展海洋旅游和文化产业,加快海洋工程咨询、新能源、生物研究和信息服务的发展。积极开展金融、商业、贸易和展览等相关服务业,推进基础较好地区特色海洋服务集群建设。构建城市群现代服务业网络,优化现代服务业空间组织模式,促进城市群现代服务业协调发展和协同创新,加强中心城市综合服务功能,优化战略服务设施布局,发挥网络效应,支持各类现代服务业集聚区建设,鼓励建立跨区域信息交流与合作协调机制。

三是加快建设服务平台载体。积极构建各类服务平台载体,聚集资源要素,强化组合优势,深化分工合作,探索开放式创新,为现代服务业的发展提供有效支撑。构建专业的服务经济平台,结合科研基地布局的优化,大力发展创新设计和研发服务,在科研资源雄厚的地区建设科技服务中心。依托重大信息基础设施建设,强化信息服务功能,建设信息服务中心,选择具有条件的区域中心城市,发展多层次资本市场,规范区域股权市场的发展,建立金融服务中心。依托产业集群较多、专业人才集中的地区,加快咨询评估、财务管理、检测测试服务,建立业务服务中心。

探索老城区现代服务业的发展潜力。结合城市更新和棚户区改造，老城区的现代服务业将得到提升。科学规划土地二次开发，加强文化传承和保护，完善配套政策，支持现代房地产服务业的发展，实现老城区的转型发展。推动开发区和新城区现代服务业的发展，坚持生产和发展特色一体化的方向，加快服务功能的完善，促进开发区和新城区从单一功能向混合功能的转变。推动商业、金融保险、创意设计等服务的发展，增强医疗、教育培训、贸易物流、体育休闲等服务功能，支持开发区生产性现代服务业和先进制造业的发展，协调推动现代服务业的试点示范。在解决重点和难点问题的指导下，重点推进体制机制和政策创新，共同推进各种现代服务业改革的试点示范，继续开展现代服务业改革试点，规范和推进自由贸易试验区建设和现代服务业扩建开放试点，加快机构创新成果的复制和推广。

鼓励建立交通枢纽经济区，依托大型机场、沿海港口、过境港口、高铁站等交通枢纽设施，加强配送运输一体化，完善港口等服务功能，促进高铁经济和机场及港口经济发展。依托综合交通枢纽城市，建设物流服务中心和多式联运中心，加快探索符合国际规则新要求的制度体系，积极推动成熟创新体验。

八、牢固基础建设，为现代服务业发展提供有力支持

完善现代服务业配套体系和基础设施，改善社会信用环境，加强人才队伍建设，维护消费者权益，实现服务业持续健康发展。

一是不断完善现代服务业的配套基础制度。完善现代服务业相关法律法规体系，完善知识产权保护、信息安全、社会组织管理和统计制度。

不断研究和推动现代服务业基本法的制定和修订，加强在维权、公

平竞争、市场监管等方面的立法工作。完善专利权、商标权、著作权和商业秘密保护等法律法规，研究和完善知识产权保护的商业模式，完善互联网、大数据和电子信息等领域的知识产权保护规则。不断简化知识产权审查和注册流程的优化，促进知识产权基础信息资源的共享，完善知识产权侵权惩罚性赔偿制度和企业境外知识产权的援助机制。

完善社会组织管理体系，完善行业协会、科技、慈善、城乡社区服务机构的直接登记制度，稳步推进行业协会和行政机构的行业协会脱钩，加强行业协会发展，促进行业自律功能，完善公益性捐赠的税前扣除和非营利组织相关税收等政策，完善信息安全保护体系，加强国家安全、个人隐私和商业秘密保护。建立和完善大数据安全管理系统，实现服务部门数据资源的分类和管理以及风险评估系统，建立互联网企业数据资源构建和信用机制，加快网络安全、个人信息保护、互联网信息服务等领域法律法规的完善，明确数据采集、传输、存储、利用和处理的安全要求和责任主体，明确数据使用并释放边界，严厉打击非法披露和销售数据。

进一步完善统计制度，整合优化现代服务业统计调查资源，完善数据共享和共享机制。适应现代服务业特点和商业模式创新，完善现代服务业统计调查体系，完善统计分类标准和指标体系，完善小微服务企业抽样调查和数据采集，提高准确性统计数据。加强和改进现代服务业的增值核算。加强大数据在现代服务业统计中的应用。

二是不断加强现代服务业的基础设施建设。适应产业结构、形式和模式的变化，系统地建立和完善适应现代服务业发展的基础设施体系，加快基础设施的升级和转型，提升智能服务和网络技术水平。不断着眼于满足新兴产业和新业务发展的需要，填补服务业基础设施的缺点，组织信息、交通、流通、旅游和社会服务等重大基础设施项目。推进与现代服务业相关的基础设施标准化建设和改造，促进互联互通和系统功能的优化，改善基础设施运营管理，提高运营效率。加快新一代信息基础设施建设，加强现代服务业应用信息基础设施和平台建设，完善物联网、云计算、大数据平台等基础设施，协调大型、超大型数据中心建设，构建数据信息资源的开放平台。

加快建设运输基础设施网络，积极建设国际运输网络。加快城市城际铁路网建设，完善高铁快运设施，计划建设分支线和通用航空机场，加快内陆高等级水道建设，推进公共交通优先发展，加快中心城市和大城市轨道交通建设，促进超大型特大城市铁路发展，加强综合交通枢纽的布局、建设和运营。完善港口集散系统，依托重要的物流节点城市和枢纽站，建设多个多式联运货物运输枢纽，积极发展智能交通。加强社区和农村流通基础设施建设，优化社区商业网点和公共服务设施的规划布局和格局配置，加快城市流通基础设施升级，建设或改造和升级一系列综合运输、仓储、配送的综合物流服务基地，推动智能存储设施和智能物流平台的建设，协调物流、邮政、商业、供销等物流场地资源，促进城乡终端配送点建设，加强物流标准化，优化农产品冷链物流设施网络。

加快旅游基础设施建设，保证景区和乡村旅游区与主要道路的相连贯通，促进机场、客运站和火车站与主要景点之间的无缝连接，改善景区停车场、卫生间、垃圾处理和旅游信息服务等设施，建造新的旅游基础设施，如游轮码头、自驾车队营地和通航机场，规划建设区域旅游应急救援基地。

加快社会服务设施建设。严格按照新住宅区或社区建设的有关规定，建立便捷的商务服务、社区服务、健身休闲设施，促进教育设施、卫生、养老和文化服务的建设和升级，振兴土地储备，建设社会服务设施，改造和升级现有的社会服务设施。

三是进一步牢固对消费者合法权益的保护。坚持消费者优先的观念，完善体制安排，适应服务消费特点，加强对线上线下消费者权益的保护，切实维护消费者的合法权益。专注于提高信息透明度，依法完善服务信息和告知系统，明确质量、计量、标准等强制性承诺信息的内容，鼓励领先企业和行业协会发布更高标准的服务信息指南，严格执行运营商明确的价格和费用宣传制度，规范商业合同格式和条款的解释，促进合同条款的标准化，促进合同的普及。利用各种公共信息平台，及时向全社会公布各级政府部门违法违规信息、信用状况、服务质量检查结果和客户投诉处理结果。支持第三方机构进行服务评估，加强消费者金融、法律等专业知识的普及。

完善服务争议解决机制，强化消费者权益，严禁破坏法律责任，坚持合法解决服务纠纷。完善公益诉讼制度，适当扩大公益诉讼范围，探索建立纠纷解决机制，探索和完善诉讼、仲裁和调解的对接机制。完善消费者权益保护体系，促进调整和修订现行法律法规中不利于保护消费者权益的规定，完善服务质量保障体系、损害赔偿制度、风险监测体系和投诉应对体系。完善和加强服务消费惩罚性赔偿制度，加大赔偿和处罚力度。实施预付款系统，充分发挥消费者协会和其他组织在维护消费者权益中的作用，积极发挥消费者权益保护服务网络平台的作用。

加快发展现代服务业是产业结构优化升级的主要方向，加快思想转变，充分认识推动现代服务业发展的意义，努力为现代服务业的发展创造良好环境。不断完善工作机制，加强部门协调和联动，在发展现代服务业过程中应注重创新，积极探索现代服务业发展的新思路和新举措，及时总结和推广经验。根据分工研究制定具体的实施方案，完善政策措施，认真履行政府职责。充分发挥部际联席会议制度在现代服务业发展中的作用，加强战略规划，加强全面协调和监督，加强宣传和诠释，积极营造全社会的良好氛围，共同推动现代服务业的创新和发展。

第六章 基于现代服务业生命周期的产业政策制定与选择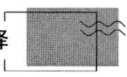

四是加强现代服务业人才队伍的建设。不断扩大人才供给，促进人才流动，加大引进力度，大力聚集一批符合现代服务业创新发展要求，具有国际管理能力的企业家，建设大规模现代服务业专业技术人才和高技能人才。实施更开放的人才政策，加快创造具有国际竞争力的人才吸引环境。增加国际人才的吸引力，通过完善外国人永久居留制度等措施，为海外人才的上下班、进出境以及留在中国创造更加宽松和便利的条件。"千人计划""百万计划""创新人才提升计划"等主要人才计划将推广到急需的服务行业，鼓励国际高层次人才交流活动。改善人才和激励措施的使用，打破制度障碍，完善职称评估、薪酬制度、社会保障等配套政策，促进医学、教育、科技、文化等人才的有序自由流动，指导和鼓励大学毕业生到基层工作。

完善专业技能鉴定体系，畅通技能型人才的成长路径，促进服务从业人员的专业化发展。加强劳动保护和职业防护，积极改善医疗保健和养老工作者的工作条件，完善人才创新成果收入分配机制，支持具备知识、技能和管理者才能等多种创新要素的人才参与分配，挖掘多层次的人力资源，关注发挥老龄高级劳动力的作用。加大人员培训力度，加强对服务业高端专业人才的培养，扩大应用技术规模，大力培养复合型人才，加强综合素质和创新能力的培养，深化生产教育一体化、校企合作、勤工俭学的人才培养模式。实施终身职业技能培训体系，完善职业培训补贴政策，鼓励职业技能和专业知识不断更新。

五是加强现代服务业的信用体系建设。加强信用法律法规建设，引导服务公司和从业人员树立诚信观念，营造良好的信用环境。注重加强服务市场的诚信，建立健全市场主体信用记录，开展服务企业承诺活动，构建跨地区、跨部门、跨领域的守信联合激励和失信联合惩戒机制。加大对非法集资和商业欺诈等违法行为的查处力度，破坏市场公平竞争秩序，对严重不诚信单位实施行业限期禁止等限制措施，加强医疗、教育、文化、旅游、商贸等领域的诚信建设，提高工程建设和广告的诚信水平，利用互联网技术大力推进服务业信用体系建设。培育和规范信贷服务市场，发展各类信贷服务机构，逐步建立公共和社会信用服务机构相辅相成的多层次信用服务体系，使信用信息基础服务和增值服务相辅相成。支持具有较高市场信誉的第三方信用报告机构的培育和发展，支持信用服务产品的开发和创新，鼓励社会组织依法使用信用信息产品，扩大应用范围。促进和规范信用评级行业的发展，加强信用服务业的自律和自信建设。

参考文献

[1] 王守法. 现代服务产业基础研究 [M]. 北京：中国经济出版社，2007.

[2] 程大中. 中国服务业的增长、技术进步与国际竞争力 [M]. 北京：经济管理出版社，2006.

[3] 刘继国. 制造业服务化发展趋势研究 [M]. 北京：经济科学出版社，2009.

[4] 曾世宏. 基于产业关联视角的中国服务业结构变迁 [M]. 北京：经济科学出版社，2013.

[5] 于丹. 服务业经济"稳定器"作用研究 [M]. 北京：经济科学出版社，2009.

[6] 李善同，高传胜. 中国生产者服务业发展与制造业升级 [M]. 上海：上海三联出版社，2008.

[7] 刘丹鹭. 服务业生产率与服务业发展研究 [M]. 北京：经济科学出版社，2013.

[8] 原毅军. 面向全球市场的中国服务业发展 [M]. 大连：大连理工大学出版社，2008.

[9] 孙海鸣，孙海刚. 现代服务业产业组织研究研究 [M]. 上海：上海财经大学出版社，2007.

[10] 马歇尔. 经济学原理 [M]. 北京：商务印书馆，1997.

[11] 傅家骥. 技术创新学 [M]. 北京：清华大学出版社，1998.

[12] 诺思，托马斯. 西方世界的兴起 [M]. 北京：华夏出版社，1999.

[13] 潘海岚. 中国现代服务业发展研究 [M]. 北京：中国财政经济出版社，2008.

[14] 苏东水. 产业经济学 [M]. 北京：高等教育出版社，2010.

[15] 高新民，安筱鹏. 现代服务业：特征、趋势和策略 [M]. 杭州：浙江大学出版社，2010.

[16] 李朝鲜等. 现代服务业评价指标体系与方法研究 [M]. 北京：中国经济出版社，2007.

[17] 胡志坚. 国家创新系统理论分析与国际比较 [M]. 北京：社会科学文献出版社，2000.

[18] 黄繁华. 经济全球化与现代服务业 [M]. 南京：南京出版社，2002.

[19] 孙杰光. 现代服务业发展概论 [M]. 北京：中国金融出版社，2017.

[20] 乔为国. 现代服务业政策问题研究——实证调研与国际经验 [M]. 北京：社会科学文献出版社，2013.

[21] 解柠羽，张扬，郭景福. 生命周期视角下日本服务业发展的演化分析 [J]. 现代日本经济，2014（4）：46-54.

[22] 吴晓波，姚明明，吴朝晖，吴东. 基于价值网络视角的商业模式分类研究：以现代服务业为例 [J]. 浙江大学学报（人文社会科学版），2014，44（2）：64-77.

[23] 刘志彪. 现代服务业发展与供给侧结构改革 [J]. 南京社会科学，2016（5）：10-15.

[24] 王佳宁，罗重谱. 都市功能区发展现代服务业的管理体制：

理论因由与现实操作［J］. 改革，2014（10）：54-64.

［25］夏杰长. 开创现代服务业发展新格局［J］. 财贸经济，2015（12）：8-10.

［26］夏青. 基于哈肯模型的现代服务业演化机制研究［J］. 中国矿业大学学报，2013，42（4）：683-688.

［27］许艳丽，王岚. 高技能人才培养与现代服务业需求对接研究［J］. 教育发展研究，2014，34（19）：8-12.

［28］潘锦云，汪时珍，李晏墅. 现代服务业改造传统农业的理论与实证研究——基于产业耦合的视角［J］. 经济学家，2011（12）：40-47.

［29］闫星宇，张月友. 我国现代服务业主导产业选择研究［J］. 中国工业经济，2010（6）：75-84.

［30］邓泽霖，胡树华，张文静. 我国现代服务业评价指标体系及实证分析［J］. 技术经济，2012，31（10）：60-63.

［31］任英华，游万海，徐玲. 现代服务业集聚形成机理空间计量分析［J］. 人文地理，2011，26（1）：82-87.

［32］景跃军，杜鹏. 中国现代服务业现状及发展潜力分析［J］. 吉林大学社会科学学报，2012，52（2）：143-149.

［33］赵英霞，陈佳馨. 现代服务业与现代农业耦合发展路径研究［J］. 经济问题，2018（5）：75-81.

［34］《改革》服务中央决策系列选题研究小组，王佳宁，来有为，冯吉光，何培育. 都市功能核心区现代服务业发展的着力点［J］. 改革，2017（4）：80-89.

［35］张扬，解柠羽. 互联网经济时代我国服务业创新能力的前置因素及其作用机制［J］. 商业经济研究，2018（12）：184-186.

［36］唐勇，龚新蜀. 现代服务业在城镇功能提升中的作用［J］. 城

市问题，2015（2）：21-28.

[37] 裴长洪，谢谦. 集聚、组织创新与外包模式——我国现代服务业发展的理论视角 [J]. 财贸经济，2009（7）：5-15.

[38] 李逢春，李程骅. 现代服务业推动城市转型发展：实践、验证及路径 [J]. 上海经济研究，2013，25（12）：22-30.

[39] 刘志彪. 为什么我国发达地区的服务业比重反而较低？——兼论我国现代服务业发展的新思路 [J]. 南京大学学报（哲学·人文科学·社会科学版），2011，48（3）：13-19.

[40] 崔日明，李丹. 我国现代服务业演化发展的动力机制及对策研究 [J]. 经济学动态，2011（12）：37-41.

[41] 张扬，解柠羽. 经济服务化背景下日本服务业发展的影响因素探究 [J]. 商业经济研究，2018（5）：190-192

[42] 吴山，夏杰长. 中国现代服务业发展的推进思路 [J]. 经济与管理，2010，24（4）：24-30.

[43] 杨亚琴，王丹. 国际大都市现代服务业集群发展的比较研究——以纽约、伦敦、东京为例的分析 [J]. 世界经济研究，2005（1）：61-66.

[44] 孔群喜，王紫绮，蔡梦. 新时代我国现代服务业提质增效的优势塑造 [J]. 改革，2018（10）：82-89.

[45] 徐冠华，刘冬梅，刘琦岩. 现代服务业的发展趋势与对策 [J]. 中国科学院院刊，2009，24（3）：248-255.

[46] 李大明，肖全章. 现代服务业区域发展差异因素研究 [J]. 中南财经政法大学学报，2011（4）：17-22.

[47] 王可侠，彭玉婷. 中国现代服务业发展路径研究 [J]. 江淮论坛，2017（5）：41-45.

[48] 李娟. 我国现代服务业发展影响因素分析 [J]. 商业研究，

2010（2）：112-115.

［49］迟福林. 走向服务业大国的转型与改革——2020年中国经济转型升级的大趋势［J］. 上海大学学报（社会科学版），2015，32（1）：1-18.

［50］刘重. 论现代服务业的理论内涵与发展环境［J］. 理论与现代化，2005（6）：49-52，62.

［51］张玉泉. 现代服务业的服务创新和关键技术［J］. 科技中国，2019（4）：65-68.

［52］刘席文，李玉光. 基于物联网的现代服务业发展研究［J］. 管理观察，2019（10）：109-110.

［53］马艳艳，卢朝阳. 辽宁现代服务业和传统服务业互动关系实证研究［J］. 辽宁经济，2019（3）：6-10.

［54］高玫. 我国中心城市现代服务业发展现状与路径选择［J］. 企业经济，2012，31（12）：108-111.

［55］薛文婷. 我国现代服务业发展影响因素及趋势分析［J］. 商业经济研究，2019（15）：177-180.

［56］王晓红，盛晓娟，胡艳君. 现代服务业发展与就业吸纳能力的实证分析［J］. 当代经济管理，2015，37（9）：9-13.

后　记

本书是大连民族大学解柠羽副教授所主持的教育部人文社会科学研究青年基金项目"经济服务化背景下现代服务业生命周期演进规律与产业政策研究"（项目批准号：15YJC790038）的最终研究成果。

本书由六章组成，结构较为合理，突出问题导向，既注重国内外对比分析，又注重由整体到地方的实证分析，调查深入，研究规范，最终提出针对性对策建议。由于本书涉及的研究范围广，行业细分度高，虽然笔者做出了较大努力，但限于个人能力有限，书中的纰漏在所难免，恳请各位读者批评、指正，不吝赐教。

本书得以顺利出版，要感谢在研究中给予帮助的大连民族大学各位同仁，还要感谢经济管理出版社的张永美女士和胡茜女士对书稿提出的宝贵意见。在书稿完成过程中，参考了国内外诸多专家学者的相关研究成果，在此一并表示感谢。

科研之路艰辛却富有价值，愿一路随走随行，做一个踏实、果敢、坚定的善学者……

解柠羽
2019 年 8 月于大连